Doaa Taher Matrood

Aplicação da morfologia do conto popular de Vladimir Propp em Nicholas Spark

Aplicação da morfologia do conto popular de Vladimir Propp nos romances selecionados de Nicholas Sparks

Dr. Doaa Taher Matrood

Departamento de Provas Forenses, Faculdade de Ciências Médicas, Universidade Médica Jabir ibn Hayyan, Najaf, Iraque

doaa.t.al.dihaymawee@jmu.edu.iq

Morrer com memórias

Não sonhos

A todos aqueles que lutam arduamente para alcançar os seus sonhos.....

RESUMO

De acordo com os narratólogos , a "Morfologia do Conto Popular" de Vladimir Propp é geralmente reconhecida como uma das contribuições mais inspiradoras para "a compreensão da estrutura do enredo" (Sundari, 2014, p.1). Por conseguinte, a teoria de Propp foi inicialmente encontrada para analisar os contos populares russos. No entanto, alguns investigadores aplicam-na aos contos de fadas, como Sundari (2014), que a utilizou em "Sleeping Beauty ," e Nursantia (2003), que a utilizou no romance de Joseph Conrad "Heart of Darkness." Salmah (2004) aplicou a teoria de Propp à obra "Our Mutual Friend" de Charles Dickens na sua tese. Assim, a falta de utilização da "Morfologia do Conto Popular" de Propp no estudo dos romances em geral e da ficção moderna em particular inspira o investigador a preencher esta lacuna no estudo, utilizando a "Morfologia do Conto Popular" de Vladimir Propp nos romances contemporâneos .

O romance, enquanto género literário, surgiu no século XVIII com a ascensão da classe média como forma de entretenimento. Nickola Spark é um dos romancistas americanos modernos. É conhecido pelos seus romances "The Notebook", "Dear John", "the Lucky One", etc. É um autor bestseller do New York Times, com mais de oitenta milhões de exemplares vendidos internacionalmente em quarenta e cinco línguas. O objetivo do investigador é analisar as obras de Spark "The Guardian" (2003), "The Lucky One" (2008) e "Safe Haven" (2010) de acordo com a *Morfologia do Conto Popular* (1968) do folclorista e académico russo Vladimir Propp.

Palavras-chave: *Morfologia do Conto Popular,* Nickola Spark, " The Guardian ", "The Lucky One", "Safe Haven", e Vladimir Propp.

ÍNDICE DE CONTEÚDOS

CAPÍTULO UM

INTRODUÇÃO

1. Antecedentes

A literatura divide-se em três áreas: Drama, Poesia e Prosa. A poesia e o drama remontam ao período clássico grego. A prosa é sinónimo de romance, que surgiu muito mais tarde. Apesar de ser o género mais recente, a prosa de ficção é o mais popular. *(Nnyagu,2017, p.78) Os romances floresceram no século XVIII.* Boccaccio, *Sterne, Fielding,* Behn, *Richardson,* Bunyan, Cervantes, Chaucer, Malory *e Defoe contribuíram significativamente para a expansão do romance inglês. Influenciaram os romancistas que vieram depois deles. (Choeda,2019, p,1099)*

Sanders (1994) define o romance como "uma narrativa em prosa fictícia de extensão considerável, na qual personagens e acções representativas da vida real são retratadas num enredo de maior ou menor complexidade". Mesmo a história do romance é frequentemente baseada na imaginação. O romance reflecte as pessoas e a sociedade. Por conseguinte, diz-se que o "romance é um espelho da sociedade do autor". *(Nnyagu, 2017, p.79). O romance tem muitas* caraterísticas. É escrito principalmente em prosa, tem pelo menos 30 000 palavras e o seu objetivo é narrar uma história. Um romance deve ter um enredo, um cenário particular e uma ou mais personagens principais (Aliyev,2021, p. 24).

Além disso, muitos factores contribuíram para o subsequente desenvolvimento e crescimento dos romances, como o declínio do romance e do drama, a Revolução Industrial, a ascensão das bibliotecas e o auge da classe média *(Choeda,2019,* p.1101).

2. Objectivos do estudo

O investigador tenta alcançar os seguintes objectivos:

1. Identificar *a Morfologia do Conto Popular* (1968) de Vladimir Propp com o romance "O Guardião" de Nicholas Spark.
2. Analisar *a Morfologia do Conto Popular* de Vladimir Propp (1968) em relação ao romance "The Lucky One" de Nicholas Spark .
3. Examinar *a Morfologia do Conto Popular* de Vladimir Propp (1968) em relação ao romance "Porto Seguro" de Nicholas Spark.
4. Para realçar quantas das trinta e uma caraterísticas de Propp podem ser encontradas em "The Guardian" de Nickola Spark, "The Lucky One", e "Safe Haven" .
5. Desvendar as boas e más morais retratadas pelas personagens principais em "The Guardian", "The Lucky One" e "Safe Haven".

3. Questões de investigação

Este estudo tenta responder às seguintes questões de investigação:

1. É possível aplicar a *Morfologia do Conto Popular* (1968) de Vladimir Propp ao romance "O Guardião" de Nicholas Spark ?

2. Como pode Vladimir Propp's *Morphology of the Folktale* (1968) *ser aplicado* ao romance de Nicholas Spark "The Lucky One"?

3. É possível aplicar a *Morfologia do Conto Popular* (1968) de Vladimir Propp ao romance "Safe Haven" de Nicholas Spark?

4. Quantas caraterísticas das trinta e uma caraterísticas de Propp podem ser encontradas em "The Lucky One" e "Safe Haven", "The Guardian", de Nickola Spark?

5. Quais são as boas e más morais retratadas pelas personagens principais em "The Guardian", "The Lucky One" e "Safe Haven"?

4. Procedimentos do estudo

Os procedimentos utilizados neste estudo podem ser resumidos da seguinte forma:

1. Resumo de Vladimir Propp *Morphology of the Folktale* (1968).

2. Fornecer uma revisão da literatura sobre estudos semelhantes e um historial da biografia de Nichola Sparks.

3. Analisar os romances selecionados de acordo com a *Morfologia do Conto Popular* de Propp (1968).

4. *Comparar quantas caraterísticas das* trinta e uma caraterísticas de Vladimir Propp se encontram em cada romance.

5. Apresentar e discutir os resultados e as conclusões.

5. Significado do estudo

O presente estudo é essencial para aqueles que estudam a literatura, em geral, e o pensamento crítico, em particular. *A Morfologia do Conto Popular* (1968), de Vladimir Propp, aborda o estudo dos contos de fadas e de outros textos de ficção.

Este estudo é significativo porque é vital para desenvolver o pensamento crítico do leitor relativamente a qualquer texto literário. Além disso, este estudo será digno de nota por ajudar o leitor a olhar para fora da caixa para a qual qualquer teoria foi concebida. Pode ajudar os estudantes de inglês a analisar qualquer texto literário e a adoptá-lo noutros géneros literários.

6.   Limitações do estudo

O investigador utiliza Vladimir Propp's *Morphology of the Folktale* (1968) para estudar em pormenor três dos romances de Nichola Sparks. O investigador seleciona "The Guardian" (2003), "The Lucky One" (2008) e "Safe Haven" (2010) como símbolos aleatórios para verificar se a *Morfologia do Conto Popular* de Vladimir Propp (1968), concebida para estudar os contos de fadas russos, pode ou não ser aplicada aos romances modernos.

O texto dos romances selecionados está disponível online na Amazon e no Kindle e em bibliotecas reais.

7.   Definições de termos e palavras-chave

1.   A teoria de Vladimir Propp

Vladimir Yakovlevich Propp nasceu em São Petersburgo, Alemanha, a 17 de abril de 1895. Morreu a 22 de agosto de 1970. Durante a sua vida, ficou conhecido pela sua investigação sobre contos de fadas. Propp estudou centenas de mitos, contos de fadas e contos populares na Rússia. Conclui com 31 funções e oito personagens típicas que podem ser encontradas em quase todos os contos, na literatura, no teatro, no cinema e na televisão. O livro de Propp foi publicado pela primeira vez em 1928. No entanto, o trabalho de Propp passou despercebido até aos anos 50, altura em que o seu livro foi traduzido para muitas línguas. Propp afirma que as 31 funções podem ser encontradas em qualquer folclore, independentemente da sua língua, e não apenas no conto popular russo (Nursari1, Subiyantoro, & Saddhono, 2019, p.162 ; Sundari, 2014, p.1; Chamalah, et al., 2019, p.61).

2.   O Guardião

Julie Barenson é uma jovem viúva. O romance começa com Julie a olhar pela janela na noite de Natal; sente-se muito só e triste após a morte do marido. De repente, batem à porta e entregam-lhe um presente do seu falecido marido, um cachorro da raça Dogue Alemão. Ela dá-lhe o nome de Singer. O romance é sobre a sua vida amorosa, quando namora com um bonito engenheiro

chamado Richard Franklin e, mais tarde, com o seu amigo Mike Harris . Depois, Julie rejeita
Richard, que começa a persegui-la até se tornar um desejo assassino.

3. O sortudo

"The Lucky One" é um romance de Nicholas Sparks publicado em 2008. Conta a história de
Logan Thibault, que era um fuzileiro naval dos EUA. Logan encontrou uma fotografia de uma
mulher com a inscrição "Keep safe! E" nas costas, antes da invasão do Iraque em 2003. Mais
tarde, apercebe-se de que esta fotografia lhe traz boa sorte. Assim, sobrevive a três missões no
Iraque e atravessa a América para encontrar a rapariga da fotografia.

4. Refúgio seguro

"Safe Haven" é um dos romances de Nickola Sparks. Foi publicado em 2010 e adotado como
filme em 2013. Foi interpretado por Josh Duhamel, Julianne Hough e Cobie Smulders. O filme
foi realizado por Lasse Hallström.

O romance e o filme contam a história de Katie, de vinte e sete anos. Katie mudou-se para
Southport, na Carolina do Norte, fugindo do seu marido abusado, Kevin. Kevin costumava
bater-lhe brutalmente. Katie cria para si própria uma nova identidade. Até muda a sua
aparência. Aluga um pequeno chalé na floresta e começa a trabalhar no restaurante de Ivan.
Em Southport, vive uma vida isolada.
Começa a ter novos amigos, Jo e Alex. Alex é viúvo e tem dois filhos, Josh e Kristen. Alex
adora Katie e começa a vê-la como uma mãe para os seus filhos. No entanto, ele é paciente
e espera até que Katie esteja pronta para ter uma relação. Além disso, Kevin continua a
procurar Katie até a encontrar no final do romance (Permana, 2015).

9. Organização do estudo

O estudo é composto por seis capítulos. *O primeiro capítulo* apresenta a definição do
problema do estudo, os objectivos da investigação, as questões, os procedimentos, a importância,
as limitações e a estrutura. Além disso, são apresentadas algumas definições de termos-chave e
itens técnicos para garantir a clareza. *O segundo capítulo* esclarece o contexto histórico da
biografia do autor. São também destacados estudos anteriores, que dizem respeito à descrição do
tema e a um resumo da teoria utilizada neste estudo. *O capítulo três* analisa o primeiro romance
selecionado de Sparks, "The Guardian" (2003), . *O capítulo quatro* analisa em profundidade o
segundo romance selecionado de Sparks, "The Lucky One" (2008), e *o capítulo cinco* analisa o
terceiro romance selecionado de Sparks, "Safe haven" (2010) . Os principais resultados e

conclusões a que o investigador chegou são apresentados no *capítulo* **seis,** juntamente com sugestões para estudos futuros e algumas recomendações para o estudo.

CAPÍTULO DOIS
CONSIDERAÇÕES TEÓRICAS E REVISÃO DA LITERATURA

1. A vida de Nicholas Sparks

Nicholas Sparks é um romancista americano conhecido internacionalmente e um best-seller. Nasceu em 31 de dezembro de 1965, em Omaha, Nebraska. O seu pai era Patrick Michael Sparks, um professor; a sua mãe era Jill Emma Marie Sparks, uma assistente de optometrista e dona de casa. A sua família era católica, e Nicholas segue atualmente as crenças católicas. Tem um irmão mais velho, Michael Earl Sparks, e uma irmã mais nova, Danielle Sparks, que morreu de cancro aos 33 anos. Ela inspirou a heroína de Nicholas Sparks no seu romance "Um passeio para recordar" (Abbas, 2013, p.20).

Durante a sua infância, Nicholas mudou-se de uma cidade para outra, uma vez que o seu pai era estudante. Viveu em Los Angeles, Grand Island. Quando tinha oito anos, a sua família estabeleceu-se na Califórnia. Formou-se na Bella Vista High School em 1984 como orador da turma. Era um excelente corredor de meia distância. Assim, conseguiu uma (Mandasari & Yousuf, 2017, p.202) bolsa de estudos integral para a Universidade de Notre Dame, onde estabeleceu um recorde escolar antes de magoar o tendão de Aquiles (Mandasari & Yousuf, 2017, p.202). Nesse verão, Nicholas escreveu o seu primeiro romance, "The Passing ,"que ainda não foi publicado. Em 1988, licenciou-se com distinção e conheceu a sua futura mulher, Catherine, com quem casou a 22 de julho de 1989. A mãe de Nicholas morreu aos 47 anos, num acidente de equitação, seis semanas depois. Nicholas e a mulher mudaram-se para a Califórnia, onde escreveu o seu segundo romance, intitulado "The Royal Murders", que continua inédito (Abbas, 2013, p.21)

Três anos mais tarde, Sparks trabalhou na avaliação de imóveis, em serviços alimentares, na restauração de casas e em vendas de material médico e dentário. Entretanto, foi coautor com o medalhista de ouro olímpico Wokini, que alcançou mais de 50.000 exemplares vendidos. Em 1992, Nicholas mudou-se para a Carolina do Norte (Mandasari & Yousuf, 2017, p.202-203). Entretanto, soube que a sua irmã tinha cancro. Em 1994, Sparks decidiu fazer a sua última tentativa como escritor. Escreveu o seu primeiro romance publicado, "The Notebook", que em 2004 foi adaptado para um filme com o mesmo nome.

Encontrou um agente e uma editora num espaço de tempo surpreendentemente curto; Sparks passou de um autor relativamente desconhecido a um autor com um contrato de direitos cinematográficos no valor de um milhão de dólares. Entretanto, o seu pai morreunum acidente de automóvel aos 54 anos. Sparks escreveu as suas mágoas através de "Message in a Bottle", sobre um homem que escreve cartas à sua falecida mulher e as envia em garrafas através do mar. O amor dos seus pais inspirou esta história. Em fevereiro de 1997, conseguiu vender "Message in a Bottle" a Hollywood antes mesmo de o romance estar concluído. O filme foi protagonizado por Paul Newman e Kevin Costner em 1999 (Abbas, 2013, p.22-23).

Com o apoio da família, Sparks escreveu e publicou vários romances, incluindo "Nights in Rodent", "The Guardian", "A Walk to Remember", "The Wedding", "True Believer", "At First Sight", "Dear John", "The Choice", "The Lucky One", "The Last Song", "The Best of Me" e "Safe Haven" (Nursanti, 2017, p.15). A maioria dos filmes foram adoptados como filmes (Abbas, 2013, p.24).

Sparks tem cinco filhos. Os seus filhos chamam-se Miles, Ryan, Landon, Lexie e Savannah. É atualmente um bestseller do New York Times com quase 80 milhões de exemplares em todo o mundo, em 45 línguas , entre os quais mais de 50 milhões de exemplares só nos EUA, e a sua fama continua a aumentar diariamente (Abbas, 2013, p.20-21).

2. Estudos anteriores

O primeiro estudo académico realizado sobre os romances de Nicholas Sparks é representado por Esa Yolanda Putri (2011), intitulado "An Analysis of Stylistics in Dear John Novel by Nicholas Sparks". A investigadora tem como objetivo estudar a utilização da linguagem figurada no romance "Querido John". Para atingir os objectivos da tese, o investigador utiliza todas as figuras de linguagem: metáfora, símile, hipérbole, personificação, litotes, metonímia, ironia e sinédoque. O investigador utiliza métodos qualitativos para descobrir que Sparks utiliza objectos vivos, coisas visíveis e invisíveis e animais para realçar atitudes e sentimentos humanos. Além disso, o investigador conclui que as figuras de estilo mais comuns utilizadas por Nicholas Sparks são as figuras de contraste, as figuras de comparação e as figuras de associação.

Em 2013, Abbas estudou na sua tese "The Portrayal of Women in Sparks' Nights in Rodanthe". "Nights in Rodanthe" é um dos romances de Sparks. Abbas examina a representação das mulheres na sociedade americana durante o século XXI, tomando este romance como amostra. Abbas utiliza a abordagem estrutural genética, destacando os fundamentos extrínsecos e intrínsecos da literatura. Em seguida, a autora recorre à análise descritiva para definir os fenómenos existentes. O investigador conclui que Sparks divide a representação da mulher em "Noites em Rodanthe" em duas partes, que são moral e independente. Além disso, o investigador também divide a representação das mulheres americanas do século XXI em duas caraterísticas: trabalhadoras e casadas (Abbas, 2013, p.1).

Outra tese foi realizada em 2016 por Nadya Rahmi Safitri intitulada "Allie's Absurdism in the Novel Nicholas Spark's The Notebook". Nadya estuda a personagem principal de The Notebook, de Sparks, Allie, utilizando a teoria do Absurdismo para responder às questões de investigação.

No entanto, Abidatillah (2017) estuda a luta do personagem masculino principal, Noah, em "The Notebook". A sua tese é "A luta de Noah para se afastar de Allie em The Notebook de Nicholas Sparks". Este estudo examina a viagem amorosa da personagem principal, Noah, e a sua luta para seguir em frente depois do seu profundo amor por Allie. O artigo adopta a teoria psicológica e a Nova Crítica como ferramenta para responder às questões de investigação relacionadas com a luta amorosa de Noah. O investigador seleciona apenas as frases proferidas por Noah como dados de investigação. Abidatillah utiliza métodos qualitativos para atingir os objectivos da investigação. A tese conclui que Noé é um amante fiel, um homem de família, um introvertido e um homem responsável e respeitador. Em segundo lugar, por muito que Noah tente, não consegue esquecer o seu amor por Allie. Por último, Noah não consegue seguir em frente porque está sempre a pensar nas suas memórias alegres.

Outro estudo sobre "The Notebook", de Spark, foi realizado por Mandasari e Yousuf (2017), intitulado The Struggle of Love as Reflected in Nicholas Spark's "The Notebook". Os investigadores selecionaram a abordagem estrutural como ferramenta para analisar os dados selecionados da narração de Noah. Os investigadores apercebem-se que Noah deixou Allie porque os pais de Allie não apoiavam esta relação. No entanto, o casal reencontrou-se quando Allie compreendeu que amava Noah em vez de Lon. Consequentemente, a sua família foi forçada a dar a sua bênção à relação.

Outro estudo realizado em 2017 é a tese de Nursanti intitulada "Análise da Moral em Nicholas Sparks "Safe Haven"". A investigadora estuda a boa e a má moral das personagens principais em "Safe Haven" de Sparks. A tese segue o método descritivo como técnica de análise. Nursanti descobre que os bons costumes são a Ajuda, a Paciência, o Arrependimento e o Trabalho Diligente, enquanto os maus costumes são a Violência, a Mentira e o Roubo. No entanto, as personagens principais fazem tudo o que podem para conseguir o que querem, utilizando a boa e a má moral.

Ratih & Widisanti (2022) estudam os "Actos de terror cometidos pelo antagonista em See Me" de Nicholas Sparks. Os investigadores examinam os actos de terror do antagonista cometidos em "See Me" de Sparks. Aplicam procedimentos descritivo-analíticos e estudos bibliográficos, que se baseiam em fundamentos extrínsecos e intrínsecos, para além das teorias modernas da psicanálise. O estudo conclui que o antagonista cometeu actos de terror contra Maria, o que é demonstrado através de todos os actos de terror praticados por Avery. Além disso, Avery não tem qualquer perturbação mental e os seus actos de terror são praticados devido ao seu profundo ódio e ao desejo de vingar a morte da filha. Os seus actos de terror são representados no envio de mensagens ameaçadoras, na manipulação de pessoas e na prática de actos de violência.

3. Morfologia do conto popular de Propp

Vladimir Propp (1895-1970) é um folclorista russo que apresentou as primeiras versões clássicas das funções estereotipadas das personagens na teoria literária. Propp investigou uma centena de contos populares russos e encontrou cerca de trinta e uma caraterísticas para o herói e sete funções estereotipadas de personagem (a que chamou dramatis personae): Herói, Ajudante do Vilão, Doador, Falso Herói, Princesa e Despachante. Enquanto o Herói e o Vilão são omnipresentes, outras funções, como o Doador e o Falso Herói, são de certa forma etnicamente específicas (Jahan & Finlayson, 2021, p.493).

1. Ausência

Um dos agregados familiares está ausente. Pode ser uma das gerações mais velhas, como um príncipe que vai para uma terra estrangeira, deixando a mulher para trás, pais que saem para trabalhar, vão para o comércio, para a guerra, para a floresta e não voltam. Outro tipo de ausência é a morte dos pais. A ausência também inclui a geração mais nova, como ir à pesca, visitar, passear, etc. (Propp, 1927, p. 26)

2. Interdição

Um Interdiction é dado ao herói. "Toma conta do teu irmão mais novo", "não te atrevas a olhar para este armário", "não digas nada; cala-te". Por vezes, a interdição é considerada um conselho, como o de uma mãe que diz ao filho para não ir à pesca. As histórias geralmente indicam primeiro ausência, e depois interdição . No entanto, por vezes, a interdição é feita sem uma ausência, como por exemplo: "não apanhes as maçãs"; "não beijes a tua irmã"; "não apanhes a pena de ouro"; "não abras a arca" (Propp, 1927, p. 26)
Uma forma oposta de interdição é representada sob a forma de sugestão. "Leva o teu irmão contigo para o bosque" e "Leva o pequeno-almoço para o campo" (Propp, 1927, p. 27)

3. Violação

A infração é o não cumprimento da interdição, quer se trate de uma sugestão, de um aviso ou de um conselho, como "as filhas do czar vão para o jardim" ou "atrasam-se a regressar a casa". Pode ser um demónio, uma bruxa, um dragão, bandidos, etc. O seu papel é perturbar a paz da família e causar danos, desgraças e prejuízos (Propp, 1927, p. 27).

4. Reconhecimento

No reconhecimento, o vilão tenta descobrir a localização de algo precioso: "Onde é que se arranjam estas pedras preciosas?". (Propp, 1927, p. 28).

5. Entrega

O vilão recebe informações sobre a sua vítima (Propp, 1927, p. 28). Quando uma mãe chama o seu filho, revela a sua presença a uma bruxa (Propp, 1927, p. 29).

6. Truques

Nesta função, o vilão usa um disfarce. Uma bruxa apresenta-se como uma bela senhora. O dragão transforma-se num belo jovem ou numa cabra dourada. Um ladrão finge ser um mendigo. Para enganar a sua vítima e ficar com os seus bens (Propp, 1927, p. 29).

7. Cumplicidade

O herói submete-se às persuasões do vilão, como ir nadar, levar o anel, etc. . (Propp, 1927, p. 30).

8. Vilania

Esta é uma das funções mais essenciais. O vilão causa ferimentos e danos ao herói ou a um dos seus familiares. As formas de vilania são excecionalmente diversas:

1. O vilão rapta uma pessoa. Uma bruxa rapta um rapaz. Um dragão rapta a filha de um camponês. O irmão mais velho rapta a noiva do seu irmão mais novo.

2. O vilão tira-lhe um agente mágico. O camponês encontra um corcel mágico. A princesa apodera-se de uma camisa mágica. Uma madrasta ordena o abate de uma vaca espantosa.
3. O vilão estraga as colheitas.
4. O vilão apodera-se da luz do dia. (Propp, 1927, p. 31).
5. O vilão causa lesões corporais
6. O vilão provoca um desaparecimento inesperado. Este desaparecimento resulta de um encantamento; uma "madrasta adormece o enteado", uma mulher voa num tapete mágico.

7. O vilão seduz a sua vítima. (Propp, 1927, p. 32).

8. O vilão expulsa alguém: Um vigário expulsa o neto. A madrasta expulsa a sua enteada. (Propp, 1927, p. 33).

9. O vilão ordena que alguém seja atirado ao mar.

10. O vilão lança uma maldição sobre alguém ou alguma coisa.

11. O vilão faz uma substituição. Uma criada cega a noiva do czar e finge ser a noiva. Uma criada transforma a noiva num patinho e toma o seu lugar.

12. O vilão ordena um assassínio.

13. O vilão comete um assassínio (Propp, 1927, p. 33).

14. O vilão aprisiona alguém (Propp, 1927, p. 34).

15. O vilão ameaça-o com um casamento forçado.

16. O vilão ameaça-o de canibalismo.

17. O vilão atormenta as pessoas à noite

18. O vilão declara guerra (Propp, 1927, p. 34).

9. Falta

Um membro da família deseja ou carece de algo. Por exemplo, o herói não é casado e está à procura de uma noiva. (Propp, 1927, p. 35).

10. Mediação

A mediação divide-se em dois tipos de heróis: os heróis vitimados e os heróis que procuram. Se o conto começa com uma rapariga raptada e Ivan vai à sua procura, o herói é Ivan e não a rapariga. Este tipo de herói é o herói que procura. No entanto, se a rapariga ou o rapaz forem raptados, a história é sobre o seu destino. Os heróis deste tipo são chamados heróis vitimizados (Propp, 1927, p. 36).

11. Início da contra-ação

Esta função é representada quando o requerente decide a contra-ação. Por exemplo, "Permita-nos procurar a sua princesa". Por vezes, esta caraterística não é descrita em palavras, mas como uma decisão volitiva. Esta caraterística só pode ser encontrada em contos em que o herói é um Seeker. (Propp, 1927, p. 38).

12. Partida

O herói deixa a sua casa. Os heróis-vítimas e os heróis-quebuscam são diferentes na sua partida. A partida dos heróis-vítimas marca o início de várias novas aventuras no seu novo percurso. Enquanto que. Os heróis-que-perseguem têm como objetivo buscas específicas (Propp, 1927, p. 39).

13. Donnor

Alguém ou alguma coisa oferece ajuda ao herói.

14. A reação do herói

A reação do herói à ação do Doador. A reação pode ser positiva ou negativa.

Negativo.

1. O herói resiste (ou não) a um teste

2. O herói responde (ou não responde) a uma saudação

3. Presta (ou não presta) um serviço aos mortos.

4. Liberta ou não um cativo

?

5. Ele tem misericórdia ou não (Propp, 1927, p. 42)?

15. fornecimento ou receção de um agente mágico

O herói torna-se capaz de utilizar um agente mágico. Os agentes sobrenaturais podem ser animais, como cavalos, águias, etc., ou objectos como espadas, anéis, bolas, cacetes, guslas, etc. Outra forma de agente mágico é o poder de transformação em animais (Propp, 1927, p. 43-44).

16. Transferência espacial entre dois reinos, orientação

Normalmente, o objeto da busca está localizado num reino "diferente" ou "outro". Assim, o herói deve afastar-se demasiado do horizonte do reino. A deslocação do herói pode assumir diferentes formas: a pé, a nado, a bordo de um navio, no dorso de um cavalo ou de um lobo, etc. (Propp, 1927, p. 50-51).

17. Luta

o herói e o vilão entram em combate. Podem combater em campo aberto. O herói e o

O herói vence com as suas capacidades. O herói vence utilizando as suas capacidades (Propp, 1927, p. 52).

18. Marca/marcação

É aplicada uma marca no corpo do herói. O herói é ferido durante uma escaramuça ou uma batalha (Propp, 1927, p. 52).

19. Vitória

O vilão é derrotado.

1. O vilão é derrotado num combate aberto.

2. Ele é derrotado numa competição.

3. Ele perde nas cartas.

4. Perde ao ser pesado.

5. É morto sem luta de abertura.

6. É banido diretamente (Propp, 1927, p. 53).

20. A Desgraça ou Falta inicial é liquidada.

Nesta função, a narrativa atinge o seu auge. Aqui, o herói apodera-se do objeto de uma busca recorrendo à astúcia ou à força. Por vezes, os heróis utilizam as mesmas técnicas que os vilões nas lutas iniciais (Propp, 1927, p. 53).

21. Regresso

O herói regressa. É semelhante à partida. No entanto, na partida, o herói recebe uma águia, um cavalo, etc., e depois ocorrem as formas de viagem, enquanto o regresso acontece diretamente e de forma semelhante à chegada (Propp, 1927, p. 56).

22. Perseguição/ Perseguição

Um perseguidor (mulheres de dragões, etc.) segue o herói, como em "uma bruxa voa atrás de um rapaz". Neste caso, o herói pode refugiar-se numa árvore ou noutro lugar (Propp, 1927, p. 56).

23. Resgate

O herói é salvo do seu perseguidor. O herói foge, tenta desaparecer, esconde-se ou lança obstáculos no caminho do seu perseguidor. O herói pode transformar-se em florestas, montanhas, lagos, etc. O herói pode mudar a sua aparência, o que o torna irreconhecível. Uma princesa disfarça-se de príncipe. O herói é salvo "de um atentado contra a sua vida" (Propp, 1927, p. 57-58).

24. Chegada não reconhecida

O herói, não reconhecido, chega a outro país ou regressa a casa (Propp, 1927, p. 60).

25. Alegações infundadas
Um falso herói apresenta afirmações infundadas (Propp, 1927, p. 60).

26. Tarefa difícil
É apresentada ao herói outra tarefa desafiante (Propp, 1927, p. 60).

27. Solução
O herói realiza a extraordinária tarefa de encontrar a princesa antes que o tempo necessário termine (Propp, 1927, p. 60).

28. Reconhecimento

O herói é reconhecido por uma marca, a marca de uma ferida ou a marca de uma estrela. O herói também pode ser reconhecido por uma coisa que lhe foi dada, como um anel, uma toalha, etc. Além disso, o herói é também reconhecido por ter realizado uma tarefa difícil (Propp, 1927, p. 62).

29. Exposição
O vilão ou o falso herói é desmascarado. Esta função está ligada ao facto de preceder a realização de tarefas complexas. O falso herói não pode fazer o trabalho (Propp, 1927, p. 62).

30. Transfiguração
O herói ganha uma nova aparência (Propp, 1927, p. 62).
31. Punição
O vilão e todas as pessoas más são castigadas (Propp, 1927, p. 63).

32. Casamento
O herói casa-se (Propp, 1927, p. 63).

CAPÍTULO TRÊS

APLICAÇÃO DA MORFOLOGIA DO CONTO POPULAR DE VLADIMIR PROPP A "O GUARDIÃO" DE NICHOLAS SPARKS

1. Ausência

O romance começa na noite de Natal, com Julie Barenson a olhar pela janela e a recordar a morte recente do seu jovem marido. "Aos vinte e cinco anos, ela era viúva e odiava tudo no mundo" (Sparks,2003, p.1). "Jim está morto e, agora que ele se foi, sinto-me como se também estivesse morta" (Sparks,2003, p.2). Ela estava a lutar contra a dor da sua perda porque tudo lhe fazia lembrar o Jim: "Tudo na casa, tudo o que ela via, cheirava e tocava, fazia-a lembrar o Jim" (Sparks,2003, p.2).

2. Violação

Até à página cem, temos este trabalhador a avisar Mike de Richard sem saber porquê: "Mantém-no assim. Não vais querer conhecê-lo" (Sparks, 2003, p.100). No entanto, Mike precisa de contar a Julie sobre este aviso a tempo. Ambos deram ouvidos ao aviso do trabalhador' quando já era demasiado tarde, e as consequências foram enormes.

3. Trapaça

Quando Richard aparece pela primeira vez na cidade, toda a gente acredita que ele é um bom rapaz: "Eu disse-vos que ele era um tipo simpático" (Sparks, 2003, p.16). Ele vai à igreja todos os domingos: "Falei com ela depois da igreja ontem" (Sparks,2003, p.27). Era um jovem bonito e educado. Toda a gente fica surpreendida com os seus encontros com Julie: "ele parecia bastante simpático... Um pouco calado, mas educado" (Sparks,2003, p.67). "Richard, ao que parecia, tinha ido buscar Julie numa limusina cheia de champanhe; tinham ido jantar a Raleigh. Depois, no centro cívico, sentados na primeira fila, tinham assistido ao vivo a um espetáculo do *Fantasma da Ópera*". "Se isso não fosse suficientemente especial para a impressionar, Richard e Julie também tinham passado o sábado juntos, perto de Wilmington". "Tinham feito um passeio de balão de ar quente antes de fazerem um piquenique na praia" (Sparks,2003, p.86).

No entanto, depois de Julie ter rejeitado uma relação com Richard, ele começou a sair com a colega de trabalho dela, Andrea. Richard não quer que ninguém saiba da sua relação ou porque é que eles vão para outras cidades, "Morehead city". Emma vê-os: "Ela estava com o Richard. E olha só, acabei de o ver beijá-la" (Sparks,2003, p.291). Richard namora com ela não porque gosta dela, mas porque a usa para satisfazer as suas necessidades sexuais: "uma mulher não significava

nada para ele, mas o seu corpo era macio e quente, e ela desejava-o" (Sparks,2003, p.292).
Durante o ato sexual, pede-lhe que não faça nenhum som porque, em vez disso, imagina Julie.
"Ele não queria ouvir a voz dela, porque isso lembrava-o de que ela não era Julie" (Sparks,2003,
p.292). De manhã, Andrea pede para ir à casa de banho por engano; abre a câmara escura, uma
sala cheia de milhares de fotografias que ele tirou a Julie enquanto a perseguia "Ela estava a olhar
para a sala à esquerda... A câmara escura" (Sparks,2003, p.300), "Coladas nas paredes estavam
centenas de fotografias de Julie" (Sparks,2003, p.346). Richard sente-se desiludido e zangado.
Por isso, espanca Andrea até à morte e atira o seu corpo para o bosque.

4. Vilania

Richard Franklin representa a caraterística da vilania. Até ele parece bonito, amigável e um
cavalheiro "pelo seu aspeto. Richard, ela estava a começar a pensar, era o homem mais sexy que
alguma vez tinha visto" (Sparks, 2003, p.94). Depois de levar Julie aos mais belos encontros,
Richard dá-lhe um medalhão. Mais tarde, quando visita Julie, pergunta-lhe porque é que ela não
está a usar o medalhão: "Manipulada. Como se ele quisesse que ela prometesse que voltaria a usar
o medalhão no trabalho" (Sparks,2003, p.94-95).

Julie deixou de sair com Richard e ele começou a aparecer em todo o lado. Ela sente que ele a
persegue: "Parece-me que planeou tudo isto desde o início" (Sparks, 2003, p.166). Uma vez, ele
vai ao salão e deixa os óculos como uma oportunidade de telefonar ou revisitar Julie: "Sei que os
deixaste de propósito, só para teres um motivo para telefonar" (Sparks,2003, p.221). Ele observa-
a todos os dias sempre que ela sai: "ele tinha estado a observá-la no cemitério" (Sparks,2003,
p.241) e "observava a sombra de Julie através das cortinas da sala de estar" (Sparks,2003, p.320).
Entretanto, ela recebe estes estranhos telefonemas quando ouve apenas respiração pesada e
nenhuma palavra: "Ele tinha estado a observá-la, e agora ligava para lhe contar" (Sparks,2003,
p.239). Uma vez, recebe vinte mensagens de voz vazias. Julie fica em pânico e apaga todas as
mensagens. "Ela desejou não ter apagado nenhuma das mensagens " (Sparks,2003, p.244) porque
a polícia não dá atenção à sua queixa. Afinal de contas, ela não tem provas. Especialmente depois
de apagar todas as mensagens de voz, "não posso provar, mas sei que foi ele" (Sparks,2003,
p.244). Julie, Mike, Henry e Emma estão assustados porque sabem que Richard não vai parar de
a perseguir: "Eles tinham medo de Richard Franklin" (Sparks,2003, p.263), "Ele assusta-me
imenso", "A boca dela, apercebeu-se, tinha ficado seca" (Sparks,2003, p.247), "pessoas como
aquela não param" (Sparks,2003, p.242). Ele até entrou em casa de Julie para colocar as suas
fotografias no medalhão que lhe deu: "Não vês que isto aqui é uma prova? Que ele esteve cá em
casa? Isso é invasão de propriedade" (Sparks, 2003, p.315). No entanto, a polícia não acredita que
ele constitua um perigo real para a vida de Julie.

Nessa noite, Julie acaba com ele. Richard disse-lhe que estava fora da cidade porque a sua mãe tinha morrido: "Não estava preparado para quase nada. Não podes imaginar o que foi aquilo lá em cima... o aspeto dela no fim, o que as enfermeiras diziam, o cheiro..." (Sparks,2003, p.169). Julie sente empatia por ele e deixa-o dormir lá em casa. Mais tarde, o leitor fica a saber que Richard matou o pai quando tinha nove anos. Passados nove meses, matou a mãe pondo todos os seus comprimidos para dormir na vodka dela: "os comprimidos para dormir da mãe e deitou o conteúdo na vodka dela" (Sparks, 2003, p.327). A partir daqui, o leitor apercebe-se de como ele é perigoso.

Richard foi colocado num lar de acolhimento com outros dois rapazes. No entanto, eles roubaram-lhe a máquina fotográfica para comprar cigarros: "aqueles dois rapazes que lhe roubaram a máquina fotográfica dois meses depois de ele se ter mudado para lá" (Sparks,2003, p.206). "Quando ele descobre, usa um taco de basebol para lhes bater. No início, eles riem-se dele porque são mais altos e mais pesados do que ele. No entanto, "foram levados para o hospital num par de ambulâncias", com "os seus rostos esmagados para além do reconhecimento" (Sparks,2003, p.206). Quando a polícia chegou, Richard disse-lhes que o que tinha feito era apenas auto-defesa, uma vez que os rapazes o tinham tentado matar. "Eles iam matar-me. Eu estava assustado. Um deles atacou-me com uma faca" (Sparks,2003, p.207). Chegou mesmo a ferir-se para convencer a polícia de que "tinha sido cortado na parte inferior do estômago". "Recordando com desdém o corte que tão facilmente infligira a si próprio" (Sparks,2003, p.207). O caso foi encerrado com os rapazes enviados para o Juvenil: "Os dois rapazes, nem Richard, foram enviados para o centro de detenção Juvenile , apesar das suas alegações de que nenhum deles tinha tocado na faca, e muito menos cortado Richard com ela" (Sparks 2003, p.207).

Na escola, usou a sua professora para entrar numa faculdade decente. Deu-lhe uma prenda de aniversário e costumava contar-lhe todas as suas dificuldades. "Ela escreveu uma carta de recomendação para a Universidade de Massachusetts." Ela implora-lhes que o aceitem, enquanto ele passa por muitas dificuldades: "nunca tinha visto um jovem superar tanto" "implorando-lhes que lhe dessem uma oportunidade" (Sparks,2003, p.210). No entanto, depois de ter entrado na universidade, ele não fala com ela, o que mostra o quão mau ele é! "Depois de ter sido aceite na universidade, não voltou a falar com ela. Ela tinha servido o seu objetivo e ele não tinha mais utilidade para ela" (Sparks,2003, p.210).

A Jessica é a mulher do Richard. Ele conheceu-a num restaurante. Ela era empregada de mesa e nem sequer foi ela que o serviu. Ele estava a olhar e a sorrir para ela enquanto comia. Depois de casar, Richard começa a bater-lhe. "Ele costumava bater-lhe" (Sparks, 2003, p.384).   "Ele é louco." "Toda a gente tinha medo dele, incluindo Jessica. Ele é violento e perigoso" (Sparks,2003, p.384). Até que Jessica atravessou o país a correr, na esperança de que ele não a encontrasse. "Apanhou um autocarro para o outro lado do país e esperou que ele a deixasse ir embora" (Sparks, 2003, p. 345). No entanto, ele perseguiu-a: "Ele perseguiu-a" (Sparks,2003, p.386) e obrigou-a a regressar a casa dele. "Não faço ideia de como ele o fez, mas encontrou-a e trouxe-a de volta." Duas semanas depois, a irmã e a mãe de Jessica visitam-na e obrigam-na a mudar-se para casa dos pais, porque receiam que Richard a mate. Além disso, um dia, Jéssica foi ao supermercado fazer compras e nunca mais voltou. "Ela foi ao supermercado uma noite para fazer compras, e nunca mais a vimos. Toda a gente sabia que ele o tinha feito, mas nunca a encontraram" (Sparks,2003, p.384). Entretanto, Richard desaparece de Boston. Quando a polícia Jennifer descobre o seu verdadeiro nome, "a câmara está registada em Robert Bonham de Boston" (Sparks,2003, p.382). Jennifer telefona para a polícia de Boston e descobre que "Robert Bonham é procurado para ser interrogado sobre o desaparecimento da sua mulher, Jessica Bonham, há quatro anos" (Sparks,2003, p.382).

Para escapar à polícia depois de ter assassinado a mulher, Richard começa a observar um homem chamado "Richard Franklin" para saber mais sobre todos os seus hábitos e rotinas. "Ele tinha observado o verdadeiro Richard Franklin " (Sparks,2003, p.373). Decide matá-lo e roubar-lhe a identidade. "Franklin começou a chorar e, três horas depois, foi enterrado numa sepultura que nunca seria descoberta" (Sparks,2003, p.374). "Ele tomaria conta do verdadeiro Richard Franklin, tal como tinha tomado conta da sua mãe e do seu pai. E dos rapazes do lar de acolhimento. E do seu colega de quarto na faculdade. E de Jessica" (Sparks,2003, p.374).

Outra vítima é a Andrea. Richard era amigo dela para usar a sua sexualidade. No entanto, depois de ela descobrir o quarto escuro, ele tenta matá-la da forma mais terrível: "Foi mau... nunca tinha visto nada assim" (Sparks, 2003, p.331). "Depois de ver as feridas de Andrea quando os médicos lhe mudaram as ligaduras, ela soube com certeza que Richard Franklin era um monstro" (Sparks,2003, p.375). Andrea acabou por ficar em coma. Richard chega a tentar matar um polícia, Pete Gandy, quando descobrem que ele bateu em Andrea e foi prender Richard: "Pena que Pete Gandy tivesse saído do caminho... ele podia imaginar o delicioso *baque* quando o carro o esmagasse" (Sparks,2003, p.345). No final do romance, Pete protege Julie na casa de praia. No entanto, Richard tenta matá-lo de novo, esmagando-lhe a cabeça, "Ele sabia, mesmo antes de ver Richard, que alguém estava a avançar na sua direção" e "sentiu que algo tinha batido contra o seu crânio" (Sparks,2003, p.413).

Um dos últimos actos brutais que Richard cometeu foi matar Singer. Até ele sabia que Julie era muito ligada ao seu cão. "Richard ouviu Julie a gritar sobre o seu cão e teve pena dela e quis pedir-lhe desculpa" (Sparks, 2003, p.409). Assim, mata os seus pais, o honesto Richard Franklin, Jessica e Singer e magoa Andrea, Pete, Mike, os dois rapazes e Julie, a empatar. Richard é definitivamente um vilão.

5. Falta

Emocionalmente, Julie cresceu num ambiente pouco saudável, com a ausência do pai na infância e uma mãe bêbeda na adolescência. A sua casa estava cheia de "álcool e homens tóxicos" (Sparks,2003, p.14), o que é totalmente insalubre para uma rapariga crescer em "quão difícil tinha sido a sua relação com a mãe, quão enervante era ver homens a entrar e a sair de casa a toda a hora" (Sparks,2003, p.90). Um deles tentou violá-la, e "o último tentou mesmo fazer o que queria com ela" quando ela lutou com ele e contou à mãe. A mãe ficou zangada e culpou-a: "A mãe, embriagada e com as lágrimas nos olhos, *culpou-a* por se ter atirado a ele" (Sparks, 2003, p.14). Algumas noites mais tarde, a mãe expulsou-a de casa. "Como ela se sentiu desolada ao sair de casa antes de terminar o liceu." (Sparks,2003, p.90). "o medo que sentia quando vivia nas ruas, especialmente à noite" (Sparks,2003, p.90). Ela foi forçada a viver nas ruas durante seis meses, onde toda a gente consumia drogas e "mendigava ou roubava.... ou pior". Ela tinha medo de se tornar como eles. Trabalhava em vários trabalhos braçais para se manter alimentada. Um dia, conhece Jim, que lhe oferece uma carreira, um sítio para ficar, um amor e uma vida feliz.

No entanto, a sua felicidade não dura muito tempo. Após o quarto aniversário de casamento, descobrem que Jim tem um tumor no cérebro. "Dois anos mais tarde, o tumor cerebral tirou-lhe a vida" (Sparks, 2003, p.15). Ela estava a sofrer terrivelmente e sozinha de novo, lutando com a sua perda. "Eu sabia que não tinhas ninguém que te ajudasse a ultrapassar uma coisa destas" (Sparks,2003, p.5). "Partiu-me o coração pensar que estarias sozinha" (Sparks,2003, p.4-5).

Quatro anos mais tarde, Julie teve dificuldade em encontrar um parceiro adequado: "Julie não tinha tido um encontro desde que Jim morrera" (Sparks, 2003, p.12). Foi a um encontro com Bob. A conversa que tiveram foi apenas sobre o trabalho dele. "O seu tema de conversa preferido no encontro tinha sido a contabilidade" (Sparks,2003, p.12). Mesmo depois de ela ter deixado de sair com ele, ele telefonava-lhe três vezes por semana. "Ele era persistente... Irritante como o diabo, mas persistente" (Sparks,2003, p.12). Mais tarde, ela começa a sair com Richard. Apesar de o encontro ter corrido muito bem, Julie deixou de sair com ele porque não sentia que existisse uma faísca entre eles. "Ele não me fazia vibrar." "Quer fosse química, magia ou uma combinação de ambos, simplesmente não existia. Ela simplesmente não sentia os formigueiros no pescoço que sentia quando o Jim pegou na mão dela pela primeira vez." "Não lhe apetecia fechar os olhos e sonhar com um futuro juntos" (Sparks,2003, p.89), "ele parece um tipo simpático... que seria perfeito para outra pessoa" (Sparks, 2003, p.90). Além disso, Richard mostra que ficou incomodado pelo facto de ela não ter usado o medalhão no dia seguinte. Ela estava aborrecida. "A forma como ele o disse, o olhar dele, a sensação que lhe deu... tudo isso a incomodou" (Sparks, 2003, p.95).

Ela sabe que Mike a apoiou nos momentos difíceis e gosta dele. Tinha a certeza de que ele não a convidaria para sair por ser amigo íntimo de Jim. Assim, convida-o para sair: "Se esperar pelo Casanova, serei tão velha que ele terá de me acompanhar no meu andarilho" (Sparks,2003, p.151). "que não só Mike a amava agora, mas que nunca chegaria o dia em que não a amaria" (Sparks,2003, p.159). Assim, Mike satisfaz as necessidades de Julie, pois é o seu melhor amigo, amante e apoio.

6. Mediação

A mediação divide-se em dois tipos de heróis: heróis vitimados e heróis buscadores. Segundo a narração de "The Guardian", Julie é uma heroína atormentada, pois foi vítima da mãe bêbeda e, mais tarde, da perseguição de Richard. Ao longo do romance, o leitor pode sentir como ela está assustada, incapaz de andar pelas ruas sem medo de ser seguida. Tem medo que Richard volte a telefonar sempre que o telefone toca. E, por fim, tem de correr para a casa de praia para escapar ao perigo de Richard.

7. Partida (O herói sai de casa)

A nossa heroína, Julie, vive nas ruas durante seis meses: "Julie viu-se sem casa" (Sparks,2003, p.14). Um dia, um estranho chamado Jim paga-lhe um café e oferece-lhe um emprego e um lugar para ficar se ela vier para Swansboro, Carolina do Norte, um lugar que ela nunca tinha conhecido. Inicialmente, Julie pensa que Jim está a tentar usá-la, mas ele nega qualquer "interesse impróprio" por ela. Sem outra alternativa, Julie apanha o autocarro para Swansboro: "um mês mais tarde... ela apareceu em Swansboro , pensando ao sair do autocarro, *O que é que eu estou a fazer nesta cidade sem saída?"* (Sparks,2003, p.14-15). Assim, a heroína deixou a sua cidade natal, em busca de uma nova vida.

8. Dador (fornecedor)

Jim é o primeiro doador na história de Julie. Ele encontra Julie a viver nas ruas. Oferece-lhe uma vida decente e um lugar para ficar na sua cidade natal: "Se ela se mudasse para Swansboro , Carolina do Norte, ele ajudá-la-ia a arranjar um emprego a tempo inteiro e um lugar para ficar." (Sparks,2003, p.14). Ele também lhe oferece a segurança e o amor que ela nunca sentiu na sua casa de infância. Apresenta-a aos seus amigos, que mais tarde se tornam também amigos dela. Julie começa a trabalhar com a tia dele, Mabel, que a ensina a cortar cabelo e a ajuda a obter a licença de cabeleireira. Mesmo depois da sua morte, ele envia-lhe um cão para que ela se sinta menos sozinha e, mais tarde, para a proteger. Jim é o seu anjo da guarda: "I'll be your guardian angel " e "I'll watch out for you" (Sparks,2003, p.5).

O Cantor é o segundo doador. É a prenda de Jim no primeiro Natal após a morte de Jim. Julie estava a passar o Natal sozinha quando um rapaz das entregas lhe entregou subitamente uma caixa; quando abriu a caixa, encontrou um pequeno cachorro com um bilhete. Ela deu o nome de "Singer" a esse cachorro da raça Dogue Alemão. "Ele era realmente uma coisa feia" (Sparks,2003, p.5), e "cresceria até ficar do tamanho de um cavalo pequeno" (Sparks,2003, p.5). Ele segue-a para todo o lado. Por vezes, ajuda-a em pequenas tarefas: "Podes apagar a luz do quarto?" (Sparks,2003, p.10). Singer tem um sexto sentido "que lhe permite distinguir os bons dos que ela deve evitar" (Sparks,2003, p.11). Protege sempre Julie até ao fim da sua vida: "Ele era protetor dela. Tal como Mike, à sua maneira".

Mike é o terceiro donatário deste romance. É o amigo mais próximo de Jim. Após a morte de Jim, Mike tem uma forte amizade com Julie. Fisicamente, é um rapaz bonito, com olhos azuis e cabelo castanho claro "e um sorriso fácil a acompanhar o seu porte robusto, era bem-parecido, de uma forma totalmente americana" (Sparks, 2003, p.19). "Ele tinha bom coração e era bonito; ela gostava da forma como os olhos dele se franziam nos cantos quando sorria. "ela adorava as suas covinhas". Ele ri-se muito: "Ela gostava de homens que riam, e o Mike ria muito." "ela gostava muito, muito do som do seu riso" (Sparks, 2003, p.24). Quando Julie se sente em baixo após a morte de Jim, ele está lá para ela: "Mike tinha sido a pessoa a quem ela recorreu para a consolar depois da morte de Jim" (Sparks,2003, p.23), "a pessoa que passou os dois primeiros anos após a morte de Jim a abraçá-la enquanto ela chorava" (Sparks,2003, p.78). Ele estava sempre lá para ela. Costumava arranjar-lhe o carro, ajudar a remendar o meu telhado e a reparar a sua máquina de lavar roupa, "ele tinha sido o bom rapaz, o amigo, aquele com quem ela podia sempre contar. Aquele que lhe arranjava o carro e jogava frisbee com a Singer" (Sparks,2003, p.78).

Com o tempo, ficam emocionalmente ligados um ao outro: "ela adorava o que estava a acontecer com Mike" (Sparks, 2003, p.213). Quando começam a namorar, Julie brilha ao encontrar nele o amigo que a compreende e o amante que a adora: "estás praticamente a brilhar nestes dias" (Sparks,2003, p.215). Quando Richard a persegue, é Mike quem a protege: "Mike não a perdia de vista por mais de alguns minutos, exceto quando ela estava no trabalho" (Sparks,2003, p.276).

9. Receção de um agente mágico

O herói recebe uma águia mágica, um cavalo, etc. Por vezes, os agentes sobrenaturais aparecem em bolas, espadas, cacetes, guslas, anéis, etc. Várias personagens colocam a sua ajuda à disposição do herói; por exemplo, um animal presta os seus serviços ao herói como se estivesse presente (Propp, 1927, p.43-45). Singer é o agente mágico que Jim enviou para proteger Julie, e faz o seu trabalho na perfeição até ao fim da sua vida, quando Richard o envenena: "Os gritos de Julie tornaram-se mais altos, mais frenéticos, e o som era terrível" (Sparks,2003, p.409). "que tinha sido o companheiro de Julie na vida e, no fim, o seu guardião" (Sparks,2003, p.430). Por vezes, Julie sente que ele ainda está com ela em casa. Sente o seu cheiro: "sentiu um odor que era inegavelmente o dele" (Sparks,2003, p.430). Uma vez sozinha, à noite, ouviu-o beber água da tigela da cozinha. "ela ouviu-o beber da bacia de água na cozinha" (Sparks,2003, p.430). Assim, Singer tem o poder mágico de acompanhar e proteger Julie mesmo depois da sua morte.

10. Luta

Nas últimas páginas, Julie entra na luta anterior com Richard, quando este tenta forçá-la a ir com ele, mas ela resiste-lhe com toda a força. Com a ajuda de Singer e da agente Jennifer, Julie consegue vencer esta luta.

11. Perseguição/ Perseguição

Richard persegue Julie durante todo o romance. Por isso, ela tem de se refugiar na casa de praia.

12. Chegada não reconhecida

Sem deixar qualquer rasto, Julie e Mike fogem para a casa de praia. Na esperança de que Richard não os encontre.

13. Tarefa difícil

Finalmente, o herói pode ser reconhecido por ter cumprido uma tarefa difícil (Propp, 1927). Julie já passou por muita coisa, desde viver nas ruas até à morte do marido. Agora, a sua última tarefa é fugir de Richard.

14. Punição

O romance termina com o vilão a ser punido com a morte por todas as suas maldades. Richard morre quando está a tentar forçar Julie a ir com ele. A agente Jennifer Romanello dispara sobre ele. "Sentiu uma dor aguda e ardente no peito" (Sparks, 2003, p.427). De repente, a arma parece pesada na sua mão e ele falha quando dispara contra a agente Jennifer. A arma escorrega-lhe das mãos e ele cai de joelhos, "Richard caiu para a frente na areia" (Sparks,2003, p.428). Enquanto Julie e Mike vivem felizes para sempre com Henry e Emma.

CAPÍTULO QUATRO
APLICAÇÃO DA MORFOLOGIA DO CONTO POPULAR DE VLADIMIR PROPP A "THE LUCKY ONE" DE NICHOLAS SPARKS

1. Ausência

O romance começa com a ausência de Drake Green. Drake foi para a guerra do Iraque em 2003, mas nunca regressou. Foi declarado morto por fogo amigo. No entanto, a sua única irmã, Elizabeth Green, sente tanto a sua falta que, quando vê Logan pela primeira vez, começa a compará-lo com o irmão: *"Tal como Drake, devia ter perto de um metro e oitenta e era magro, com braços rijos e ombros largos", "Enquanto os olhos de Drake eram castanhos e rodeados de avelã, os do estranho eram azuis; enquanto Drake sempre mantivera o cabelo curto, o do estranho era comprido"* (Sparks, 2008, p.73).

Quando Logan vem candidatar-se ao emprego no canil, Isabel ainda está a decidir se lhe deve dar o emprego, por isso pede à avó, a ama. A avó dá-lhe o emprego:*" 'Confio nele', dá um sorriso triste, como se soubesse exatamente o que Beth estava a pensar. Mesmo que ele fosse um fuzileiro'"* (Sparks, 2008, p.81). Consequentemente, outro ponto em comum entre Drake e Logan é o facto de serem ambos fuzileiros. Elizabeth sente-se desconfortável quando Logan lhe recorda a ausência do seu irmão: *"Pergunto-me se ele conhecia Drake"* (Sparks,2008, p.104).

2. Violação

O deputado Keith Clayton representa o recurso de infração. Ele é o ex-marido da Elizabeth. Keith é um funcionário público destinado a proteger as pessoas. No entanto, no início do romance, Keith não usa esse poder, pois utiliza a câmara do seu departamento para tirar fotografias de estudantes do sexo feminino, que foram apanhadas a nadar e a relaxar perto do lago na floresta. Portanto, não era a sua primeira vez. *"Esperava que as fotografias saíssem. Seriam uma boa adição à sua pequena coleção"* (Sparks, 2008, p.5).

3. Reconhecimento

O reconhecimento visa encontrar a localização de objectos específicos, como crianças, objectos preciosos, etc.

Toda a história se desenvolve em torno de Logan que procura o dono da fotografia e, mais tarde, a rapariga da fotografia. Assim, Logan procura no campo o dono da fotografia, *"colando a foto num quadro de mensagens... todos os habitantes do campo se dirigiram para lá a dada altura"*

(Sparks, 2008, p.22). No entanto, ninguém a reclama, e ele fica com a fotografia durante as suas três missões no Iraque. Depois da guerra, caminha do Colorado até Hampton, na Carolina do Norte, à procura da rapariga da fotografia.

5. Entrega

De acordo com Propp (1927:28), a entrega acontece quando o vilão recebe informações sobre a vítima de várias formas. Neste romance, Tony é o entregador, pois é ele que informa Keith sobre Logan. Primeiro, quando o livro começa com Logan a perguntar no bar por Beth, Tony telefona a Keith, *"tu lembras-te. Liguei-te do Decker's por causa de um tipo que andava a mostrar a fotografia da Beth"* (Sparks, 2008, p.270). Mais tarde, quando reconhece Logan com Beth. Tony disse a Keith: *"Depois da igreja. Ele estava a falar com a Beth e com o teu avô. Ele era o gajo que estava ao piano hoje"* (Sparks,2008, p.270). Assim, é Tony quem revela o verdadeiro objetivo de Logan ao visitar Hampton com Keith.

6. Transferência espacial entre duas orientações, reinos, etc.

Logan está à procura da rapariga da fotografia; consequentemente, tem de caminhar com Zeus do Colorado até Hampton para a procurar. *"Ele tinha procurado por ela em todo o país"*. (Sparks,2008, p.187). Por conseguinte, Logan chega ao seu destino após vários meses de caminhada, e esta caraterística é designada por "entrega".

7. Trapaça

Até o Keith Clayton é um delegado. No entanto, é um fora da lei. Usa o uniforme e o distintivo para encobrir as suas actividades fora da lei, como tirar fotografias de nudez a estudantes universitários, ameaçar os encontros da ex-mulher para controlar a sua vida pessoal, criticar o filho e ameaçar o seu bem-estar.

8. Vilania

Keith Clayton representa a caraterística de vilania. Ele é o ex-marido de Elizabeth. No seu trabalho, Keith sente falta de usar esse poder como delegado, tirando fotos de nudez de alunas nadando na piscina.

Também ameaçou qualquer pessoa que saísse com a sua ex-mulher: *"Estão sem sorte, disse ele. Ela está fora dos limites. Ela é casada? Não, mas digamos que ela não namora. O ex dela não ia gostar, e acredita em mim, não te queres meter com ele".* (Sparks, 2008, p.66). A avó diz: *"Tu eras o brinquedo dele, e mesmo que ele tenha brinquedos novos, isso não significa que ele queira que alguém brinque com os seus brinquedos antigos"* (Sparks,2008, p.225). Assim, de acordo com Popp (1927, p.32), um dos pontos principais da vilania é o facto de o *"vilão controlar a sua vítima".* Sparks descreve Keith, na perspetiva de Logan, como *"Um rufia. Rápido a enfurecer-se. Em posição de abusar do seu poder. Alguém que achava que merecia o que quisesse, quando quisesse?"* (Sparks,2008, p.103), *"Tenho quase a certeza de que foi ele que invadiu a minha casa"* (Sparks,2008, p.217).

Além disso, ele assedia-a sexualmente quando se força sobre ela, pedindo-lhe um beijo: *"Tudo o que eu quero é um beijo. Isso é assim tão importante?".* Ele continua a ser coerente com as suas más intenções, mesmo quando ela lhe implora para parar: *"Por favor, Keith. Eu não quero isto. Não te quero beijar". "Estás a magoar-me!"* (Sparks, 2008, p.318). Ele continua a exigir mais do que um beijo: *"Acho que devíamos ir a um ... encontro ... Não vou aceitar um não como resposta",* e quando ela rejeita o que ele lhe está a pedir. Ele começa a ameaçá-la: *"Deixa-me ver se percebeste. Primeiro, dizes ao Coxa que não o queres voltar a ver. Depois, diz-lhe para sair da cidade. E depois disso, saímos juntos. Em nome dos velhos tempos. Ou é isso, ou o Ben vai viver comigo"* (Sparks, 2008, p. 319).

Keith também está errado com o seu filho de dez anos. Obriga o filho a limpar a cozinha: *"Ele obrigava o miúdo a limpar a cozinha e as casas de banho também, pensando que isso lhe mostraria como funcionava o mundo real".* Além disso, Keith maltrata Ben e obriga-o a praticar certos desportos que Ben não gosta e que critica constantemente. Uma vez, Keith estava a brincar com Ben, mas estava *"farto da atitude do miúdo",* pois considerava que Ben *"jogava à apanhada como um cego". Isso "irritava-o".* Assim, Keith atira a bola com tanta força na direção de Ben que esta atinge a sua cara. Em vez de cuidar do filho, Keith descreve Ben como *"gritando como um bebé, como se estivesse a morrer ou assim". "As nódoas negras desapareceriam num par de semanas." "Não é nada de especial. Acontece a toda a hora. Faz parte do jogo."* (Sparks,2008, p.166). Entretanto, Logan consegue ter momentos bonitos com Ben. *"Se ao menos a ex dela tivesse estado lá para ver como Ben jogava feliz quando não estava a ser pressionado ou criticado."* (Sparks,2008, p.103).

9. Falta

Todos os desejos humanos nascem da sua necessidade. Elizabeth precisa de um homem que cuide dela e a proteja do controlo do ex-marido. *"Aqui fora, ela tinha demasiado tempo para pensar...*

E até no triste estado da sua vida amorosa, que nunca deixava de a deprimir. Seria maravilhoso, pensava ela, conhecer alguém especial, alguém com quem se pudesse rir, alguém que amasse Ben tanto quanto ela", "Ou até mesmo conhecer um homem com quem pudesse ir jantar e ao cinema" (Sparks,2008, p.69). Nana precisa de uma mão para a ajudar no canil. *"O AVC tirou-lhe muita coisa. O lado esquerdo ainda está muito fraco. Consegue gerir parte do treino, mas gerir o canil e o treino está para além do seu alcance"* (Sparks,2008, p.29). O Ben precisa de um modelo a seguir, um amigo e um pai.

Logan precisa de uma parceira, e a ferramenta mágica (a imagem) leva-o a satisfazer todas as suas necessidades.

10. Mediação

A mediação divide-se em dois tipos de heróis: o herói vitimizado e o herói que procura; de acordo com a narração de "The Lucky One", Logan é um buscador, pois encontrou a fotografia de Elizabeth no Kuwait antes do início da guerra do Iraque. Mais tarde, apercebe-se de que sobreviveu a três guerras brutais graças a esta fotografia de poder mágico. Decide partir numa viagem, à procura da rapariga da fotografia. Assim, o nosso herói é um buscador, não um herói vitimizado.

11. Partida (O herói sai de casa)

A história começa com o herói a sair do Colorado e a atravessar o país, deixando a sua casa e a sua mãe à procura da rapariga da fotografia. Mais tarde, ele descobre o verdadeiro objetivo da sua viagem.

12. Dador (fornecedor)

O primeiro dador é o irmão de Drake, Elizabeth. Apesar de Logan não o conhecer pessoalmente, Drake é o dador nesta história, pois é o dono da imagem mágica que Logan encontrou.
Um dia, quando Logan foi destacado para o Kuwait para a Operação Iraqi Freedom, enquanto corria no deserto para os seus exercícios matinais, *"avistou o brilho baço de uma fotografia, meio enterrada na terra"* (Sparks, 2008, p.21). Apanha-a e limpa-a, o que foi a primeira vez que *"a viu"*. Mais tarde, a fotografia torna-se o seu *"amuleto da sorte"*. *"Encontrou a fotografia por uma razão. Ninguém a reclamou por uma razão. Só tu estavas destinado a tê-la"* (Sparks,2008, p.23). *"O jovem fuzileiro que tinha perdido a fotografia no Iraque?"* (Sparks,2008, p.123)

Victor é o segundo dador/ajudante. É o melhor amigo de Logan na equipa, que acredita em poderes mágicos. Explica a Logan que a mulher da fotografia é o seu amuleto da sorte e que ela é o seu destino, pelo que deve procurá-la: *"Eventualmente, irás procurá-la. Há um objetivo maior em tudo isto. É o teu destino".* (Sparks,2008, p.149) *"Vocês estão destinados a ficar juntos"* (Sparks,2008, p.150)

13. Receção de um agente mágico

O herói recebe uma águia mágica, um cavalo, etc. Por vezes, os agentes sobrenaturais aparecem em bolas, espadas, cacetes, guslas, anéis, etc. Várias personagens colocam a sua ajuda à disposição do herói; por exemplo, um animal presta os seus serviços ao herói como se estivesse presente (Propp, 1927, p.43-45).

13.1 Fotografia

Em "The Lucky One", o herói conta com a ajuda do poder mágico da fotografia para o manter a salvo. Em primeiro lugar, Logan não acredita no poder sobrenatural da imagem que encontra no deserto do Kuwait antes da entrada das tropas americanas no Iraque. Nos seus primeiros jogos de póquer, Logan tem a ideia no bolso; assim, "tinha ganho mais do que ganhara nos seus primeiros seis meses nos Marines." (Sparks,2008, p.23). É Victor quem diz a Logan que a rapariga da fotografia é o amuleto da sorte: *"Nunca podes perder a fotografia"* e *"depois o amuleto funciona ao contrário".* (Sparks,2008, p.24)

Depois de terminarem as suas três missões no Iraque, Logan e Victor encontram-se para uma viagem de pesca. Têm uma conversa profunda em que Victor diz a Logan que as visões de soldados mortos o perseguem: *"Vejo-os durante o dia - os que morreram, quero dizer. Vou à loja e vejo-os todos parados a bloquear o corredor. Ou estão no chão a sangrar enquanto os médicos os tratam... Tudo o que fazem é olhar para mim. Como se a culpa de estarem feridos ou de estarem a morrer fosse minha".* (Sparks,2008, p.119). Victor inveja Logan porque este não sofre de pesadelos nem vê fantasmas: *"Esqueci-me que as coisas são diferentes para ti por causa do quadro"* (Sparks, 2008, p.120). Victor tem a certeza de que Logan deve procurar a rapariga da fotografia *"eventualmente, vais procurá-la. Há um objetivo maior em tudo isto. É o teu destino"* (Sparks,2008, p.149). Assim, Logan carrega a fotografia de Elizabeth há mais de cinco anos. Ele percorre o país à procura dela porque ela o salvou no Iraque e durante o acidente de Victor. Eventualmente, a fotografia mantém Ben vivo durante a tempestade: *"Estava assustado, mas tinha a fotografia no bolso. Thibault disse que ela me manteria a salvo".* (Sparks, 2008, p.329)

13.2 Zeus

Zeus é o segundo agente mágico do romance. Zeus está sempre com Logan; caminham juntos pelo país. Ele trouxe Zeus da Alemanha porque, na fotografia, Elizbeth tem um pastor alemão: *"Nós tínhamos um pastor alemão. Chamava-se Oliver"*, e *"trouxe-o porque uma mulher na fotografia tinha um pastor alemão"* (Sparks, 2008, p.189). Zeus protege sempre Logan e é um bom amigo de Ben; até o protegeu durante a tempestade: *"as suas duas figuras fundiram-se, e Zeus virou-se de repente, dirigindo-se para o lado dela do riacho, Ben atrás dele, segurando a cauda de Zeus"* (Sparks,2008, p.328), *"Zeus salvara-o no rio, tornara-se impossível separá-los"* (Sparks,2008, p.329).

14. Luta

Ao longo do romance, Logan tenta salvar Beth do controlo que Keith exerce sobre a sua vida. O livro começa com Keith em vantagem, pois é delegado e filho da família mais importante da cidade. No entanto, Logan é o único que o enfrenta quando Keith tenta magoar Beth: "Se eu fosse a ti, largava-lhe o braço" (Sparks, 2008, p.167). Mais tarde, tenta proteger Beth, usando a sua esperteza, ameaçando Keith para que "não se meta nos assuntos de Elizabeth" (Sparks,2008, p.246). Logan ameaça-o também para que deixe de obrigar Ben a limpar a cozinha ou de o tratar mal: "Sabe isto: Nunca conheceste alguém como eu. Não me queres como inimigo" (Sparks, 2008, p.246). Logan ameaça-o de que dará o disco da máquina fotográfica, que contém as fotografias de nus que tirou na máquina do seu departamento, às notícias.

15. Chegada não reconhecida

Quando Logan chega a Hampton, trabalha no Nana's Kennel como treinador de cães enquanto tenta descobrir como contar a Elizabeth a verdade sobre a fotografia.

16. Tarefa difícil

Finalmente, o herói pode ser reconhecido por ter realizado uma tarefa difícil (Propp, 1927). A última tarefa difícil de Logan é salvar Ben da casa da árvore e do rio durante a tempestade. Logan demonstra grande coragem ao salvar a vida de Ben.

17. Exposição

Apesar de passar muito tempo com ele como namorado, marido e co-pai, Beth não descobre o carácter natural de Keith. Graças à ajuda de Logan, ela começa a ver Keith como a pessoa honesta que ele é: "Estou farta que tu e a tua família me digam o que posso ou não posso fazer, e não vou continuar a aturar isso!" (Sparks,2008, p.321).

18. Punição

O romance termina com o vilão a ser punido com a morte por todas as suas maldades. Keith morre quando está a tentar salvar a vida de Ben. Enquanto Logan e Beth vivem felizes para sempre com Ben e Zeus

CAPÍTULO CINCO

APLICAÇÃO DA MORFOLOGIA DO CONTO POPULAR DE VLADIMIR PROPP A "PORTO SEGURO" DE NICHOLAS SPARKS

1. Ausência

O romance começa com a ausência da heroína Erin, que se chama Katie, para começar uma nova vida longe do marido, Kevin. Kevin parte durante dois dias para fora de Boston em trabalho e, quando chega, não encontra a mulher.

2. Reconhecimento

Para além dos flashbacks, isso realça a razão pela qual Katie foge. Em todo o romance, Kevin está à procura de Katie. Ele está apenas a um passo dela, em Filadélfia, mas Katie consegue fugir de Filadélfia para Nova Iorque e Southport.

3. Entrega

A entrega é quando o vilão recebe informações sobre a sua vítima (Propp, 1968, p. 28).

Assim, meses após o desaparecimento de Katie, Kevin tenta encontrá-la até desistir. Um dia, depois de Kevin ter sido despedido do seu emprego, está sentado no jardim a assistir ao funeral do seu vizinho Feldman. Uma mulher atravessa as escadas e apresenta-se como "Sou Karen Feldman ". Pergunta-lhe pela sua mulher, Erin, e se ela vem ao funeral. Mencionando que Erin costumava visitar os Feldman s, ajudava-os a limpar e a cozinhar: "Ela vinha visitar-nos. Costumava fazer-lhes a comida, às vezes ajudava-os a limpar". (Spark, 2010, p.260).

 Indiretamente, Karen afirma que Erin se parece com a sua falecida irmã Katie: "A minha irmã mais nova. Ela morreu há seis anos" (Spark, 2010, p.261). "Até eram parecidas. A mesma idade e o mesmo tudo" (Spark, 2010, p.261). Portanto, Kevin sabe que não consegue encontrar Erin porque ela usa a identificação de Katie. Ela procurou o nome através de um amigo na esquadra da polícia, que lhe garantiu que ela tinha acabado de tirar uma carta de condução em Southport com o nome de Katie Feldman.

4. Truques

Kevin finge ser um cavalheiro quando conhece Katie pela primeira vez. Havia um grupo a tentar violá-la. Ele protege-a, ajuda-a a levantar-se e acompanha-a a casa. No dia seguinte, convida-a para um café. "Ele foi gentil e tratou-a como uma princesa, até ao momento em que ela estava na lua de mel" (Spark, 2010, p.71).

Mais tarde, começa a bater-lhe pelos motivos mais disparatados, como esquecer-se dos óculos de sol, manchas de comida no registo, aumentar o aquecimento para pôr vermes na casa, ir ao salão, etc. Por vezes, Kevin bate-lhe apenas porque está bêbedo: "não viu a bofetada a chegar, sentiu a

36

picada na bochecha. Ardia, quente e vermelha. Afiado. Picadas de abelha" (Spark, 2010, p.154). Naquela luta, ele corre para além dela. Quando ela escapa, ele apanha-a e "ataca rápida e duramente" (Spark, 2010, p.155) a parte inferior das suas costas. Ela ofegou por ar e, de repente, a sua visão ficou negra; sentiu-se como se "tivesse sido trespassada com uma faca" e "o seu rim a arder, a dor a disparar pelas pernas e a subir pela espinha" (Spark, 2010, p.155). Com todos estes problemas e dores, Katie não podia chamar a polícia porque Kevin era detetive no Departamento de Polícia de Boston. "Ela não podia chamar a polícia porque ele era a polícia" (Spark, 2010, p.197). Outra razão para a trapaça é o facto de Kevin usar o seu emprego para tratar a sua mulher desta forma problemática.

Com o tempo, quando ela percebeu que ele era louco, era demasiado tarde porque já estava encurralada. Kevin não lhe dava dinheiro, não a deixava sair de casa nem ter amigos. "Costumava passar por casa quando era suposto estar a trabalhar, só para se certificar de que ela estava lá" (Spark, 2010, p.71). Nessa altura, ela pensa em deixá-lo: "Tinha de ir para um sítio onde ele nunca a encontrasse" (Spark, 2010, p.72).

Ao longo do romance, Kevin parece memorizar muitos versos da Bíblia, o que indica que é uma pessoa religiosa. No entanto, bate na mulher, está sempre bêbedo e comete adultério. Mostrando que é hipócrita e que tenta enganar toda a gente, até a si próprio. "Ele sabia que isso era errado porque a Bíblia diz..." (Spark, 2010, p.210). "porque ele destrói a sua alma" (Spark, 2010, p.234). Apesar de admitir que costumava bater em Katie, ela não o merece. No entanto, Kevin contraiu-se a acreditar que lhe oferecia uma boa vida ao não a deixar trabalhar: "Ela não entendia os sacrifícios que ele fazia por ela." "Ela não compreendia como a sua vida era fácil" (Spark, 2010, p.217). Assim, isto demonstra que ele é um psicopata.

Kevin até tenta seguir o rasto do seu chefe e dos seus colegas da Polícia de Boston, indo para o trabalho bêbedo. Bebe Vodka colocando-a numa garrafa de água, fingindo que é água e porque não deixa um sorriso alcoólico como as outras bebidas. "Tens andado a beber no trabalho e tens-me mentido" (Spark, 2010, p.250).

5. Cumplicidade

Kevin controla a vida de Katie porque sabe que ela não tem ninguém a quem recorrer. Não tem família, não tem amigos, não tem emprego, não tem curso e não tem dinheiro. Assim, ela submete-se completamente a ele.

Para além disso, já fugiu duas vezes: "Já tinha fugido duas vezes o queria pensar que tinha aprendido com os seus erros" (Spark, 2010, p.200). Da primeira vez, telefonou-lhe passado um par de horas porque não tinha para onde ir. Telefonou-lhe, pedindo-lhe que a fosse buscar à estação. Da segunda vez, tirou dinheiro da carteira dele e fugiu para a sua cidade natal em Atlantic

City. Kevin encontrou-a uma hora depois de ela ter chegado. Algemou-a no banco de trás do seu carro. Mais tarde, encosta o carro e bate-lhe, ameaçando-a brutalmente com a sua arma. "Ela sabia que ele faria um esforço extraordinário para a encontrar. Por muito louco que fosse, era persistente e diligente, e os seus instintos estavam normalmente corretos." "Ele iria descobrir para onde ela tinha ido, ela sabia" (Spark, 2010, p.201).

6. Vilania

De acordo com Propp (1968, p. 31-34), uma das funções mais essenciais da Vilania é o facto de o vilão causar ferimentos e danos ao herói ou a um dos membros da sua família.

Kevin Tierney "era um bom detetive" (Spark, 2010, p.171). No entanto, costumava bater brutalmente na sua mulher. Como nos exemplos seguintes:

a. "A nódoa negra no pulso dela tinha a forma de dedos. Ramos do inferno" (Spark, 2010, p.156).
b. "Não conseguia dizer nada. Não conseguia respirar" (Spark, 2010, p.155).
c. "ela não chorava porque isso só o deixava mais zangado" (Spark, 2010, p.156).
d. "Os gritos de Erin e a forma como a sua cabeça tinha soado quando bateu na borda da mesa depois de ele a ter atirado para o outro lado da cozinha" (Spark, 2010, p.170).
e. "Ele tinha-lhe dado bofetadas e pontapés porque havia manchas de comida no frigorífico" (Spark, 2010, p.170).

Ele chega ao ponto de a ameaçar, colocando-lhe a arma na cabeça, apesar de saber que ela tem pavor de armas: "ele encostou-lhe a Glock à cabeça e ameaçou-a de morte" (Spark, 2010, p.173). Outra luta; ele nem sequer se lembrava porque é que lhe estava a bater. Kevin segurava-a pelos cabelos enquanto a esmurrava sem dó nem piedade na cozinha. Nessa luta, ela partiu dois dedos. Durante semanas, ele não permitiu que ela fosse ao hospital até que todas as nódoas negras da cara e do corpo "pudessem ser cobertas com maquilhagem". "tinha de cozinhar e limpar com uma só mão" (Spark, 2010, p.175). Assim, Katie decide fugir pela terceira vez porque "estava farta de levar pontapés e murros e de ser atirada pelas escadas da cave abaixo" (Spark, 2010, p.173).

Até Kevin sabe que trata Katie com dureza, e ela não merece isso: "Ela era doce, amável e gentil, e não merecia levar um murro ou um pontapé". No entanto, quando está sozinho na casa vazia, sente a falta dela, mas descreve-a como egoísta e deseja esbofeteá-la, pontapeá-la, bater-lhe e matá-la por o ter deixado. "Uma mulher não se vai embora assim. Uma mulher não abandona o casamento sem mais nem menos. Ele queria bater e pontapear e esbofeteá-la e puxar-lhe o cabelo por ser tão estúpida. Por ser tão malditamente egoísta" (Spark, 2010, p.174). "não conseguia parar de chorar porque tinha saudades dela e queria que ela voltasse para casa e detestava estar sozinho" "como ela era egoísta e tudo o que ele queria era matá-la" (Spark, 2010, p.228).

7. Falta

Um membro da família deseja ou carece de algo. Por exemplo, o herói não é casado e está à procura de uma noiva. (Propp, 1968, p. 35).

7.1 Alex e os seus filhos

Alex perdeu a mulher devido a um tumor cerebral, deixando Kristen e Josh para trás. Alex descobriu que tinha de cuidar de dois filhos, um ainda bebé, e da loja. Os seus dois filhos começaram a ter pesadelos durante um ano após a morte de Clary. "Quando eles acordavam a meio da noite, a soluçar inconsolavelmente, ele segurava-os nos braços e sussurrava que ia ficar tudo bem" (Spark, 2010, p.19).

Crescem com saudades da mãe: "Os miúdos precisam de uma mãe" (Spark, 2010, p.179). Por vezes, Kristen exprime isso "com uma voz de bebé, trémula... Quando o faz com as lágrimas a correrem-lhe pelas faces, Alex consegue ouvir o seu coração partido" (Spark, 2010, p.19). Alex também sente a falta dela. Ignora a sua amizade e o seu grande companheirismo: "Ele sentia-se só" (Spark, 2010, p.21).

Quando Josh se afoga, Kristen entra em pânico e começa a chorar. Katie está lá, segurando-a nos seus braços. "Ele viu que a sua menina estava a chorar e com medo e que também precisava dele, apesar de estar aninhada nos braços de Katie" (Spark, 2010, p.32). Alex começa a culpar-se por não ser um bom pai para os seus filhos, especialmente para a sua filha aterrorizada. Katie garante-lhe que ele é um pai perfeito: "És um pai muito bom". (Spark, 2010, p.49). Ele não impede Josh de ir à pesca. Em vez disso, obriga-o a usar um colete salva-vidas. Nessa situação, Alex repara na forma como a sua filha se aproxima de Katie "como uma criança se aproxima da mãe". Essa situação comove-o, pois sentia falta de "ter uma mulher, os seus filhos sentiam falta de ter uma mãe" (Spark, 2010, p.51). Katie começa a colmatar a falta de amigos e de companhia de Alex e a falta de uma mãe para os filhos, pois "Katie tinha um talento natural para as crianças" (Spark, 2010, p.178).

Katie é uma boa ouvinte quando Alex fala sobre Clary, mesmo quando ele pede desculpa por estar a falar muito sobre a sua falecida mulher. Katie explica lindamente: "Não há problema em falar sobre ela... Deves falar sobre ela. Ela faz parte de quem tu és" (Spark, 2010, p.85). Pouco tempo depois, Alex apaixona-se por Katie: "estava a apaixonar-se por esta mulher, e só podia rezar para que ela sentisse o mesmo" (Spark, 2010, p.128), "apercebendo-se de que estava apaixonado por ela. Ele amava a Katie que tinha vindo a conhecer e a Katie que nunca tinha tido a oportunidade de conhecer." (Spark, 2010, p.138).

7.2 Katie

Katie viveu uma vida dura desde a sua infância. Os seus pais eram ambos alcoólicos. E ela passa a infância em constante movimento. "A sua mente recordava o pai e as latas vazias de Pabst Blue Ribbon que habitualmente se encontravam espalhadas pelo chão ao lado da cadeira reclinável onde ele se sentava" (Spark, 2010, p.90), "as mudanças constantes, o alcoolismo dos pais , o facto de ela estar sozinha desde que fizera dezoito anos" (Spark, 2010, p.138). Desde muito cedo que ela estava realmente sozinha. Quando conheceu Kevin, pensou que tinha encontrado o amor e a segurança que procurava. No entanto, estava enganada.

Quando ela foge para Southport, Alex começa a mostrar o seu interesse por ela, fornecendo-lhe coisas de que ela precisa, como um guarda-chuva durante a tempestade, legumes biológicos ou vinho quando Katie está lá para ajudar Kristen durante o acidente de afogamento. Quando Alex repara que Katie vai a pé da sua casa de campo para o trabalho, dá-lhe uma bicicleta. Agressivamente, Katie devolve a bicicleta, assegurando-lhe que não precisa de nada dele: "Não preciso de um chapéu de chuva, nem de legumes, nem de vinho. E não preciso de uma bicicleta" (Spark, 2010, p.76). Ela sabia que Alex estava "interessado nela" (Spark, 2010, p.82).
Quando começa a conhecê-lo melhor, apercebe-se de que "ele era o tipo de homem que tentava encontrar o melhor nas pessoas" (Spark, 2010, p.93). Apesar de passar por muitos dramas no seu trabalho e com a doença e morte da mãe, Katie compreende que Alex não gosta de se queixar. "Ele era diferente, pensou ela, dos homens que conhecera no passado, diferente de todos os que conhecera antes" (Spark, 2010, p.94).
Apoiou a mulher durante a doença dela e não teve qualquer relação durante anos após a morte de Clary. Concentra-se apenas nos filhos. Kristen diz a Katie que o pai nunca gritou com eles: "Ele não se zanga" (Spark, 2010, p.97). Expressando que Alex é um verdadeiro pai.
Katie começa a amá-lo porque sabe que, mesmo que lhe conte o seu passado, "ele apoiá-la-á. Que guardaria os seus segredos e nunca usaria o que sabia para a magoar" (Spark, 2010, p.112)
"Foi então que ela se apercebeu de que também o amava" (Spark, 2010, p.140), "é como amar alguém, pensou ela, e ser amada em troca" (Spark, 2010, p.140). Parte do seu amor por ele é que ela quer que ele conheça o seu passado: "Ela queria que ele amasse a verdadeira mulher, com todos os seus defeitos e segredos. Ela queria que ele soubesse toda a verdade" (Spark, 2010, p.140). Katie começou a sentir-se segura com ele e não podia deixar de confiar nele: "Ela não conseguia evitar: confiava nele" (Spark, 2010, p.180). Ele compreende-a e trata-a com delicadeza "com uma gentileza que a espantou e tocou" (Spark, 2010, p.220). Ele é seu amigo antes de se tornar seu amante. Assim, ele satisfaz a necessidade de Katie de ser amada e compreendida e de confiar em alguém, sabendo que ele estaria lá para ela. Também encontra nela a mulher de que estava à espera: "Estavam de certa forma a guardar-se um para o outro. Ele não dormia com ninguém desde que a mulher morrera, e agora sentia que, de alguma forma, tinha estado, sem saber, à espera de Katie" (Spark, 2010, p.177).

Além disso, Katie encontra em Jo os bons amigos e o ouvinte de que precisa "há tanto tempo que não experimentava algo tão fácil e natural" (Spark, 2010, p.68). A sua conversa flui espontaneamente. Partilham o café diariamente e conversam sobre as suas rotinas. Este tipo de amizade é algo que Katie nunca experimentou no seu passado, porque Kevin não lhe permite ter amigos. Assim, com Jo, Alex e as crianças, Southport parece ser um sítio bom e seguro para se instalar. "Southport está a começar a sentir-se em casa, acho eu. Achei que devia começar a transformar esta casa em algo mais permanente" (Spark, 2010, p.123).

8. Mediação

De acordo com Propp (1968, p. 36), Katie é uma heroína vitimizada que sofre muito, e o enredo é sobre a sua aventura. Embora o romance comece em Southport, Sparks usa flashbacks alguns meses depois de sua chegada para contar a história de Katie. Destacando as grandes lutas pelas quais ela passou para começar uma nova vida. Ela dá o enorme passo de se mudar e deixar tudo para trás aos vinte e sete anos. Não tem dinheiro nem amigos para a apoiar. "Mudara-se para cá sem quase nada" (Spark, 2010, p.5).

9. Partida

Depois de tanto tempo a sofrer com o Kevin, a Katie decidiu fugir pela terceira vez, mas desta vez encontrou um bom plano. Primeiro, recolhe pequenas quantias, como um ou dois dólares da carteira de Kevin, para além das moedas que encontra debaixo do sofá ou na máquina de lavar. Compra um telemóvel e reencaminha as chamadas do telefone fixo para o telemóvel. Rouba cabelo castanho escuro do supermercado para mudar a cor do seu cabelo. Começa a cortar o cabelo: "Com uma tesoura, começou a cortar selvagemente o cabelo" (Spark, 2010, p.192). e chora enquanto se lembra de todas as pancadas que recebeu de Kevin: "O rim ainda latejava, irradiando dor desde as omoplatas até à parte de trás das pernas" "tinha-a mantido acordada durante horas, enquanto Kevin ressonava a seu lado" (Spark, 2010, p.183). "Bateu-me porque eu tinha de ir às compras!" "Bateu-me com tanta força que vomitei" (Spark, 2010, p.193). Muda de estilo, reúne todos os artigos de que precisa e foge para Filadélfia, onde trabalha como empregada de bar durante alguns dias, para juntar mais dinheiro do que aquele que ia para Southport.

10. Donnor

Alex é o Donnor. Trabalhou na Marian na Divisão de Investigação Criminal (CID) e esteve colocado na Geórgia e na Alemanha. Devido à sua experiência, Alex consegue sentir que Katie está em apuros: "ele pressentia que ela estava em apuros" (Spark, 2010, p.51). Tornam-se próximos porque ambos estão sozinhos e precisam um do outro. "Havia uma solidão dentro dele que não conseguia disfarçar, e ela sabia que, de alguma forma, coincidia com a sua" (Spark, 2010, p.82). Alex está disposto a fazer tudo para proteger Katie de Kevin. Alex está preparado até para gritar com Kevin se ele tentar magoar mais Katie. "Alex tinha premido o gatilho sem hesitar." "Ele sabia que, se Kevin aparecesse, Alex protegeria Katie, acontecesse o que acontecesse". "Ela não era simplesmente uma vítima; era a sua amiga, a mulher que ele tinha passado a amar" (Spark, 2010, p.160).

11. A reação do herói

A reação do herói à ação do Doador. A reação pode ser positiva ou negativa.

Negativo. Quando Alex tenta ajudar Katie, ela é agressiva e diz-lhe que não precisa da sua ajuda. No entanto, Alex foi paciente e gentil com ela. Katie começou a conhecer os filhos dele e a passar tempo com eles na praia. Mais tarde, visitaram-na no restaurante enquanto ela estava a trabalhar. Passo a passo, Katie começa a gostar de Alex. "Sentia-se atraída por ele mais do que queria admitir" (Spark, 2010, p.126).

12. fornecimento ou receção de um agente mágico

O herói torna-se capaz de utilizar um agente mágico. Os agentes sobrenaturais podem ser animais, como um cavalo, uma águia, etc., ou objectos, como uma espada, anéis, bolas, bastões, guslas, etc. Outra forma de agente mágico é o poder de transformação em animais (Propp, 1968, p. 43-44).

O poder mágico é representado no final do romance, quando Kevin pega fogo à casa e à loja de Alex. Katie sonha que Jo lhe diz: *"Ele está aqui"* (Spark, 2010, p.328), indicando que Kevin chega a Southport à sua procura. Quando Katie acorda, desta vez na realidade, ouve a voz de Jo a sussurrar: *"Consegues cheirá-lo?* (Spark, 2010, p.329), avisando-a sobre o fogo.

Jo é a alma de Clary. Ela tenta estar presente para Katie como uma amiga. Entretanto, está a tomar conta dos filhos, Josh e Kristin, como menciona na sua carta: "Sonho que vou encontrar uma forma de voltar, que posso encontrar uma forma de garantir que eles vão ficar bem" "Vou olhar por eles do céu" (Spark, 2010, p.363).

13. Transferência espacial entre dois reinos, orientação

Katie foge do seu Kevin duas vezes. Uma delas é de Boston para Atlantic City , e mais tarde, de Boston para Philadelphia e Southport. Ela adora o clima simples e agradável de Southport. "Ela gosta de estar aqui" (Spark, 2010, p.7). Em Boston, Filadélfia e Atlantic City, o barulho do trânsito, os maus cheiros e a correria das pessoas nos passeios. No entanto, Southport é uma pequena cidade histórica na foz do rio Cape Fear, com apenas alguns milhares de habitantes. As crianças andam de bicicleta e jogam futebol nas ruas. Há muitas igrejas. O clima durante o pôr do sol é mágico: "ela adorava ver o céu passar de azul para cinza, para laranja e amarelo na borda oeste do mundo" (Spark, 2010, p.5). O sol também se reflecte na falta de "a água brilhava". Os barcos movem-se lentamente com a brisa. As extremidades dos ramos das árvores parecem cintilar, com o som das rãs e dos grilos ao fim da tarde. Agora, ela tem a sua própria casa, mesmo que seja uma pequena cabana na floresta. No entanto, é suficiente para ela e sente-se segura. Está grata por ter ido parar a Southport: "Este sítio parecia certo" (Spark, 2010, p.14).

14. Luta

Katie debate-se com Kevin, e é por isso que inconscientemente começa a chorar quando conta a Alex o seu passado. "Ela falava através das lágrimas, embora ele duvidasse que ela soubesse que estava a chorar" (Spark, 2010, p.160). No entanto, a última discussão entre eles é quando Kevin incendeia a casa de Alex enquanto Katie, Josh e Kristin dormem. Nessa noite horrível, Katie age com coragem. Ela acorda as crianças, e mesmo "o rugido do fogo era tão alto" (Spark, 2010, p.330). e ela mal consegue ouvir sua voz. Katie arrastou as crianças que choravam para fora da janela do quarto no segundo andar e ajudou-as a sair. Atirou-os para dentro de um edredão. Katie "torcia-se enquanto eles caíam, para que as crianças aterrassem em cima dela" (Spark, 2010, p.331). Ao encontrar Kevin à espera deles com uma arma, Katie luta com ele corajosamente para permitir que as crianças fujam.

15. Marca/marcação

O branding tem tudo a ver com o facto de o herói ter uma determinada marca corporal no seu corpo. Katie representa o facto de que, quando mudou o seu estilo de cabelo comprido e loiro para cabelo curto e escuro, "Um estranho de cabelo curto e escuro olhou para ela" (Spark, 2010, p.193). Dando um pouco de bronzeado à sua pele e fingindo estar grávida: "Cabelo curto e escuro, pele cor de cobre. Grávida (Spark, 2010, p.194). De um modo geral, era "um fantasma em forma humana" (Spark, 2010, p.22). Chegou mesmo a mudar a sua identidade de Erin Tierney para Katie Feldman "a identificação de que precisava para começar uma nova vida" (Spark, 2010, p.194).

16. Vitória

O romance termina com a vitória da heroína (Katie), que ganha a sua liberdade, e com a morte do vilão.

17. Perseguição/ Perseguição

Toda a história é sobre Kevin Tierney a perseguir Katie. Katie está a procurar uma nova vida longe do seu terrível marido. Até que ela encontra refúgio em Southport.

18. Resgate

Sabendo que Kevin a iria perseguir, Katie tentou esconder-se, primeiro em Chinatown, em Filadélfia, e depois em Southport. Até mudou de aparência e de identificação, como já referimos.

19. Chegada não reconhecida

Como já foi referido, Katie chegou a Southport para se esconder do marido e tentar começar de novo, longe de todo o seu passado.

20. Alegações infundadas

Quando Katie conheceu Kevin pela primeira vez, pensou que ele era o tal, o verdadeiro herói para ela, sobretudo depois de a ter salvo do acidente de violação. Logo sabemos que ele é um falso herói quando lhe bate durante a lua de mel, depois de ela se ter esquecido dos óculos de sol na piscina. Mais tarde, quando Katie lhe diz que quer ser mãe, ele pede-lhe que grite. "Ele casou com ela porque queria uma esposa, não uma mãe. Mas ela continuou a falar nisso... até que ele finalmente lhe deu uma bofetada e a mandou calar-se" (Spark, 2010, p.274).

21. Tarefa difícil

Outra tarefa desafiante é apresentada à heroína (Propp, 1968, p. 60) quando Kevin chega a Southport e ameaça a vida dela e das crianças. Mais uma vez, Katie prova que é suficientemente corajosa para enfrentar Kevin e salvar a vida do miúdo.

22. Reconhecimento

Antes da morte de Clary (Jo), ela dá a Alex duas cartas, uma dirigida a ele e a outra à mulher com quem ele se vai casar. A entrega da carta a Katie indica que ela será uma óptima mãe para os miúdos e uma excelente esposa para Alex. Assim, ela é a heroína da sua história: "Serás a mulher que envelhece com Alex e serás a única mãe que os meus filhos conhecerão" (Spark, 2010, p.364).

23. Exposição

Kevin é exposto quando é despedido do seu emprego por ter bebido álcool durante o horário de trabalho: "You've been drinking on the job" (Spark, 2010, p.250). Para além disso, encoraja uma mulher a vingar-se da morte do seu filho. "Ela afirma que você estava a falar de Deus e lhe disse, cito: 'O homem era um pecador e merecia ser castigado'" (Spark, 2010, p.249). Kevin recusa, dizendo-o. No entanto, o seu chefe garante que todos o ouvem: "O seu parceiro, o médico legista, os investigadores do local do crime, o namorado" (Spark, 2010, p.251).

Além disso, ao procurar Katie em Southport, enquanto está bêbedo, abrindo caminho entre as pessoas, alguns rapazes gozam com ele. Ele aponta-lhes a arma, usando-a contra outro inocente para provar que Kevin é o vilão. Assim, tudo isto expõe Kevin como um falso herói.

24. Punição

Katie luta com Kevin depois de ajudar as crianças a fugir do fogo. No entanto, Kevin segue-os até à casa de campo de Katie. Lá, Katie grita com ele, e ele cai de pé à frente dela: "Tentou manter-se direito, mas o seu corpo já não era o seu. Desmoronou no alpendre" (Spark, 2010, p.346).

25. Casamento

Não há casamento propriamente dito, mas a carta de Alex a Katie prova que ele a escolheu como esposa e mãe dos seus filhos.

CAPÍTULO SEIS

CONCLUSÃO E RESULTADOS

Neste capítulo, o investigador responde às cinco questões de investigação apresentadas no primeiro capítulo. A primeira pergunta de investigação é: "É possível aplicar a *Morfologia do Conto Popular* de Vladimir Propp (1968) ao romance "O Guardião" de Nicholas Spark?" A qual foi respondida no capítulo três. O investigador estuda o romance de Nicholas Sparks "O Guardião" (2003) de acordo com a *Morfologia do Conto Popular* **de** Vladimir Propp para preencher a lacuna do estudo. Assim, nenhum estudo aplicou *a Morfologia do Conto Popular* **de** Propp a um texto de ficção moderno. Assim, o investigador considera que a teoria se aplica facilmente ao romance selecionado.

A segunda questão de investigação é "Como aplicar a *Morfologia do Conto* Popular de Vladimir Propp (1968) ao romance "The Lucky One" de Nicholas Spark?", a que se deu resposta no capítulo quatro. Embora **a** *Morfologia* do *Conto Popular* **de** Vladimir Propp tenha sido concebida para estudar os contos populares russos, pode ser aplicada a romances e à ficção moderna.

A terceira pergunta de investigação é: "É possível aplicar a *Morfologia do Conto Popular* de Vladimir Propp (1968) ao romance 'Safe Haven' de Nicholas Spark?" Esta questão foi respondida no capítulo cinco, através da análise do romance "Safe Haven" de Nicholas Sparks, de acordo **com a** *Morfologia do Conto Popular* **de** Vladimir Propp . Mais uma vez, verificou-se que a teoria de Propp (1968) pode ser aplicada aos romances modernos.

A quarta questão de investigação é "Quantas caraterísticas das trinta e uma caraterísticas de Propp podem ser encontradas em "The Lucky One", "Safe Haven" e "The Guardian" de Nickola Spark?" Todos os romances selecionados provam que **a** *Morfologia do Conto Popular* **de** Propp pode ser aplicada aos livros. Agora é altura de verificar se há verdades na aplicação, uma vez que todos os romances selecionados são escritos pelo mesmo autor no mesmo período. Dentre as trinta e uma caraterísticas de Propp, a pesquisadora encontra quatorze apenas na análise de "O Guardião". Dezoito em "The Lucky One", e vinte e cinco caraterísticas em "Safe Haven". No entanto, Propp não assumiu que todas as trinta e uma caraterísticas deveriam ser encontradas num único texto.

A última pergunta de investigação é "Quais são os bons e os maus valores morais retratados pelas personagens principais em 'The Guardian', 'The Lucky One' e 'Safe Haven'?" No romance "Guardian" de Nicholas Sparks, os bons costumes são representados por Julie Barenson, Jimmy e Mike Harris, enquanto Richard Franklin apresenta os maus costumes. Em "The Lucky One", a moral excelente é representada por Logan Thibault e a moral má é definida por Keith Clayton.

46

Por fim, em "Safe Haven", a boa moral é descrita por Alex, enquanto a má é representada por Kevin. Assim, embora a teoria de Propp seja comparativamente antiga e se destine a ser aplicada aos contos de fadas russos. O investigador considera que pode ser utilizada em romances ingleses modernos.

REFERÊNCIAS

Abbas, F. (2013). *The Portrayal of Women in Sparks" Nights in Rodanthe"*. Indonésia : Universidade Hasanuddin.

Abidatillah, L., (2017). *A luta de Noah para seguir em frente com Allie em The Notebook por Nicholas Sparks*. Surabaya: Universidade Islâmica Estatal Sunan Ampel.

Aliyev, A. (2021). "O que é um romance? Estetika: The European Journal of Aesthetics LVIII/XIV, no. 1: pp. 19-34. DOI: https://doi.org/10.33134/eeja.215

Chamalah, E., Nuryatin, A., Sayuti, S., Zulaeha, I. (2019). Funções do personagem no folclore indonésio Princesa do Vale Fugitivo: Um Estudo da Teoria da Estrutura Narrativa de Vladimir Propp. *Revista Internacional de Estudos Linguísticos e Literários, 1 (3),* PP.60-70.

Choeda, S. (2019). **A origem e o desenvolvimento do romance inglês: A Descriptive Literature Review, *International Journal of English, Literature and Social Science (IJELS),(4), Issue-4, pp.1099-1104.***

Esa, Y. P . (2011). *Uma análise da estilística no romance Querido John de Nicholas Sparks* . Indonésia: UIN Syarif Hidayatullah Jakarta.

Jahan, L. & Finlayson, R. (2021). Induzindo papéis estereotipados de personagens a partir da estrutura do enredo. *Associação para a Linguística Computacional*. PP.492-497.

Mandasari, H & Yousuf, F. (2017*). A luta do amor reflecte-se na obra "The Notebook" de Nicholas Spark. Journal Ilmiah Langue and Parole, 1 (1).* PP.200-204.

Nnyagu, U. (2017). ISSN: 2394 - 2703 www.internationaljournalssrg.org Página 78 O Romance: Géneros, Conceitos Introdução e Apreciação. *SSRG Revista Internacional de Humanidades e Ciências Sociais (SSRG - IJHSS) Volume 4 Edição 5 Set a Out 2017.*

Nursantia (2003). *O Aspeto Moral em "Heart of Darkness" de Joseph Conrad.* Indonésia : Universidade Estatal Islâmica Alauddin.

Nursanti, S. (2017). *Análise da moral em Nicholas Sparks "Safe Haven".* Indonésia: Imprensa da Universidade Alauddin Makassar.

Nursari1, S., Subiyantoro, S., Saddhono , K. (2019). Morfologia da história do povo da ilha Langkeban Silangkapuri (estudo de naratologia de Vladimir Propp*). Revista Internacional de Investigação e Inovação Científica (IJRSI)*, VI (XII), PP.162-167.

Permana, B. (2015). *Revisão do livro do romance Safe Haven de Nicholas Sparks.* Indonésio: Universidade de Diponegoro.

Propp, V (19 68). *Morphology of the folktale (Morfologia do conto popular).* Austin: University of Texas Press.

Ratih,S & Widisanti N. (2022) . Actos de terror cometidos pelo antagonista em See Me de Nicholas Sparks. *Journal Albion, 2 (2),* PP. 80-84.

Safitri, N. R. (2016). *O Absurdismo de Allie no romance The Notebook de Nicholas Spark.* Surabaya: Universidade Islâmica dos Estados Sunan Ampel Surabaya.

Salmah (2004). *Formas morais em "Our Mutual Friend" de Charles Dickens.* Indonésia: Universidade Estatal de Makassar.

Spark, N. (2003). *The Guardian.* REINO UNIDO: Sphere.

Spark, N. (2008). *The Lucky One.* REINO UNIDO: Sphere.

Spark, N. (2010). *Safe Haven.* REINO UNIDO: Sphere.

Sundari, T. (2014). *Uma análise da Bela Adormecida com base na teoria de Vladimir Propp* . Indonésia: Universidade Negeri Surabaya.

Sanders, A. (1994). *The short Oxford history of English Literature* (3ª ed.). Nova Deli: Oxford University Press.

Printed by Books on Demand GmbH, Norderstedt / Germany